A CURA ESTÁ EM VOCÊ

VEX KING

A CURA ESTÁ EM VOCÊ

UM GUIA PARA SUPERAR O ESTRESSE EMOCIONAL E ENCONTRAR A LIBERDADE

Tradução: Alyda Sauer

Rocco

Título original
HEALING IS THE NEW HIGH
A Guide to Overcoming Emotional Turmoil and Finding Freedom

Originalmente publicado em 2021 por Hay House (UK) Ltd

Copyright do texto © 2021 by Vex King

O direito moral do autor foi assegurado.

Todos os direitos reservados.
Nenhuma parte desta obra pode ser reproduzida ou transmitida por meio eletrônico, mecânico, fotocópia, ou sob qualquer outra forma sem a prévia autorização do editor.

Direitos para a língua portuguesa reservados
com exclusividade para o Brasil à
EDITORA ROCCO LTDA.
Rua Evaristo da Veiga, 65 – 11º andar
Passeio Corporate – Torre 1
20031-040 – Rio de Janeiro – RJ
Tel.: (21) 3525-2000 – Fax: (21) 3525-2001
rocco@rocco.com.br
www.rocco.com.br

Printed in Brazil/Impresso no Brasil

CIP-Brasil. Catalogação na publicação.
Sindicato Nacional dos Editores de Livros, RJ.

K64c   King, Vex

A cura está em você : um guia para superar o estresse emocional e encontrar a liberdade / Vex King ; tradução Alyda Sauer. - 1. ed. - Rio de Janeiro : Rocco, 2022.

Tradução de: Healing is the new high : a guide to overcoming emotional turmoil and finding freedom
ISBN 978-65-5532-284-2
ISBN 978-65-5595-144-8 (e-book)

1. Cura pela mente. 2. Corpo e mente (Terapia). 3. Autorrealização (Psicologia). I. Sauer, Alyda. II. Título.

22-78796   CDD: 615.851
                                        CDU: 615.85

Meri Gleice Rodrigues de Souza – Bibliotecária – CRB-7/6439

O texto deste livro obedece às normas do
Acordo Ortográfico da Língua Portuguesa.

*Em memória da minha babá, Tara,
que perdi enquanto escrevia este livro*

Sumário

Prefácio por Robin Sharma	IX
Por que este livro existe?	XI
Introdução	1
Capítulo 1: Quantos corpos?	13
Capítulo 2: Comece com o corpo que você conhece	31
Capítulo 3: Qual é a sua vibração?	63
Capítulo 4: Volte no tempo	87
Capítulo 5: Trabalhe com você de um jeito novo	125
Capítulo 6: Quem é você?	155
Capítulo 7: Quando seu fogo arde	185
Capítulo 8: Você está livre	203
Considerações finais	225
Posfácio: uma dedicatória	231
Caro leitor	236
Agradecimentos	237

Prefácio

Vivemos em um mundo que carece de heróis, sabedoria e amor.

Em meio a mudanças tectônicas, conflitos ininterruptos e novas formas de viver, é muito fácil desejar que surjam pessoas que nos inspirem para seguir adiante. Nos bons e maus momentos. A caminho da beleza de um futuro melhor.

E, sem dúvida nenhuma, você é o guia que procura.

Você tem a força, a visão e a bravura para construir a vida que merece.

Você tem o potencial para tornar sua promessa realidade e a esplêndida capacidade de lançar sua luz na sociedade.

Você tem a determinação e a genialidade espiritual necessárias para fazer do nosso pequeno planeta um lugar melhor para viver.

E você tem tudo de que precisa para ser uma verdadeira força inspiradora para todos à sua volta. As pessoas saem mais completas do que chegaram quando interagem com você.

Quando Vex me pediu para escrever o prefácio deste livro, fiquei encantado de aceitar. Porque ele entende isso.

Ele sabe que o único guru de verdade mora dentro de nós.

E que pessoas comuns são os verdadeiros heróis.

E que para nosso mundo melhorar, cada um de nós tem de parar de inventar desculpas e trabalhar o necessário para sermos pessoas melhores. E ficarmos mais fortes. E mais sábios. E imensamente mais solidários.

Por isso rezo para que você desfrute este livro. Leia-o com a mente aberta e ternura no coração. Consuma as frases lentamente e aceite o que elas oferecem para que possam tocar sua essência.

E saia pelo mundo assim. Renascido.

Robin Sharma
autor dos best-sellers
O monge que vendeu sua Ferrari
e *O clube das 5 da manhã*

Por que este livro existe?

Este livro já era para ter sido escrito há muito tempo. Escrevi (finalmente) porque minha vida nem sempre foi fácil e porque sei que a sua vida também não. Escrevi porque eu pude me desvencilhar do passado atormentado e curar meu sofrimento emocional, ou trauma, desenvolvendo e usando as técnicas que compartilho nestas páginas para me curar. Também ajudei outras pessoas a seguir em frente em suas jornadas de cura.

Você não precisa de um guru para trabalhar na sua própria cura. Nem precisa gastar uma fortuna em cursos, largar seu emprego ou dispor de horas e horas todos os dias para essa prática. Você pode curar seu trauma e outras feridas emocionais de forma duradoura usando os exercícios práticos neste livro. Simples, acessíveis e com o poder de produzir excelentes resultados, esses exercícios se baseiam no princípio de elevar sua vibração (a energia que há dentro de você e que é irradiada para o mundo à sua volta).

Se leu meu primeiro livro, *Boas vibrações, vida boa*, você sabe que vibração elevada nos ajuda a manifestar coisas maravilhosas e a mudar nossa vida. Neste livro, vou mostrar como você pode se curar para aumentar sua vibração.

Não estou dizendo que sua jornada de cura não terá contratempos, nem que os resultados serão sempre imediatos e claros. Um dos maiores obstáculos para alcançar a própria cura é o desejo de se apegar ao passado — nossa incapacidade de deixar para trás o que já foi nos impede de seguir adiante para o que pode ser. Por isso, os primeiros capítulos deste livro se concentram em desenvolver nossa capacidade de deixar o passado para trás. Então entramos no presente, antes de olhar para o futuro.

Se curar é eliminar os condicionamentos do passado, criar um sistema de crenças para nos dar poder e encarar o que desconhecemos do futuro com a segurança de sermos fortes e capazes, independentemente do que apareça no caminho. Você vai perceber que tem a habilidade para ir em frente com confiança, acreditando firmemente na sua resiliência e força.

Trauma é o sofrimento emocional e psicológico que muitas vezes resulta de alguma experiência que, por algum motivo, nosso cérebro não consegue processar bem. Às vezes essa deficiência no processamento acontece porque a experiência foi profundamente perturbadora, chocante, incômoda, assustadora ou difícil de entender, ou porque aconteceu quando éramos jovens demais e nosso cérebro não se desenvolvera a ponto de poder lidar com isso. Mas traumas podem ser mais sutis também; experiências que nos deixam confusos, envergonhados ou humilhados podem provocar feridas emocionais profundas, mesmo sem ninguém notar.

Sobre trauma: todos nós sofremos algum trauma de um modo ou de outro, mas quase ninguém teve quem ensinasse a enfrentar isso desde pequeno. A consequência é que muita gente recorre a algum método de automedicação para controlar o sofrimento, seja ele emocional, físico ou espiritual.

Por que este livro existe?

Certas sensações produzidas por drogas sintéticas ou naturais, ou álcool, ou compulsão por comida, sexo, trabalho ou redes sociais na internet (para citar apenas algumas) dão a impressão de que transcendemos nossos problemas. Mas essa sensação é temporária. Na melhor das hipóteses, gera o desejo por mais sensações como aquela só para aguentar o dia. E, na pior, o bem-estar é seguido por uma depressão profunda, horrível, que pode ser muito desesperadora.

Por isso me esforço para evitar falsas "ondas", quando aparecem na minha vida, e procuro por algo mais verdadeiro, sustentável e menos tumultuado: a sensação de genuinamente se curar. Que não desaparece e não deixa você se sentindo perdido ou vazio. Essa cura é construtiva, ela constrói cada um e nos dá uma visão mais clara.

Essa é a onda sobre a qual escrevo e que compartilho com meus clientes todos os dias. E acredito que agora é o momento perfeito para me concentrar nisso, porque estamos vivendo uma mudança na consciência humana e sendo levados a mudar o modo de interagir com nós mesmos, com os outros e com o mundo à nossa volta.

Você, como todas as pessoas que estão lendo este livro, exerce um papel ativo na aceitação dessa mudança. Você faz parte de algo especial: a mudança para viver melhor e ser mais solidário.

Não sou médico nem psicólogo, e este livro não substitui recomendações médicas ou ajuda de um terapeuta profissional. Sou alguém que aprendeu com as próprias experiências, erros e crescimento, e que criou uma vida cheia de alegria, amor e esperança. Como coach motivacional, ajudei centenas de milhares de pessoas, tanto on-line quanto off-line, de celebridades e empresários a pessoas que achavam que felicidade e sucesso não eram para elas, a exercitar formas novas e poderosas de pensar que promovem mudanças belas e positivas para transformar suas vidas.

Se curar é eliminar os condicionamentos do passado, criar um sistema de crenças para nos dar poder e encarar o que desconhecemos do futuro com a segurança de sermos fortes e capazes, independentemente do que apareça no caminho.

Por que este livro existe?

E este livro pretende dar as ferramentas necessárias para você fazer isso. Se está fazendo terapia agora, ou vai fazer em breve, este livro pode ser um apoio complementar nesse processo.

Se curar é um meio de criar um mundo melhor, por isso temos de investir nessa cura — não só pelo nosso bem, mas também pelos outros. Como diz o ditado popular, "pessoas feridas ferem". Em contrapartida, acredito firmemente que pessoas curadas ajudam pessoas. Por isso me sinto honrado de ajudá-lo a se curar.

Publique fotos ou suas imagens preferidas, páginas, citações e experiências relativas a este livro nas mídias sociais usando

#VexKingBook

para que eu possa curtir e incluir na minha página.

Introdução

Nós brigamos. Não lembro por quê, mas a discussão foi feia. Aquela noite tive uma sensação estranha, perturbadora, como se algo grande fosse acontecer. Talvez motivada pela briga ou pelo incômodo de alguma paranoia. Eu sabia que ela ia para algum bar, e ela sempre chamava muita atenção.

Para piorar, ela não me mandou nenhuma mensagem. Eu sempre recebia um boa-noite, mesmo com brigas, mas naquela noite não veio nada. Tinha a mente tumultuada, cheia de pensamentos estridentes, e não conseguia dormir:

Talvez eu tenha ido longe demais.

Talvez tenha acontecido alguma coisa com ela.

Acho que preciso enviar uma mensagem. Não, espere aí, ela estava errada, não eu.

E se ela já seguiu a vida e está com outra pessoa?

Não, ela não vai fazer isso, seria desonesto e eu a conheço. Posso confiar nela porque ela me ama de verdade. Afinal, foi ela que me procurou quando eu não estava interessado.

Acabei reunindo coragem para mandar a mensagem de boa-noite.

Ela enviou a resposta de madrugada. Abriu o coração para mim, disse que me amava e que queria consertar as coisas. Como se sua vida não pudesse ser a mesma sem mim.

Eu acreditei, mesmo.

Mas, então, um amigo enviou uma mensagem e, naquele segundo, antes mesmo de abrir, fiquei angustiado. Tive um mau pressentimento. E estava certo. Ele dizia que minha namorada tinha ido para casa com um primo dele.

Senti raiva e fiquei desapontado, mas também desconfiado. Esse amigo não gostava de ver nós dois juntos e tinha explicado seus motivos. Talvez estivesse tentando me afastar dela. Mas por que mentiria? Afinal, o sujeito que ele apontava estar com a minha namorada era primo dele. Além disso, o meu amigo já existia no meu mundo muito tempo antes da minha namorada e eu devia poder confiar nele mais do que nela.

E, para ser franco, eu devia acreditar nele porque tinha ido contra o "código masculino" quando comecei o namoro apesar de saber que ele tivera uma história com ela. Nossa história de amor estava errada desde o início e não devia ter acontecido.

Um tempo depois, eu a confrontei. E ela ficou atônita. Negou tudo e disse que meu amigo estava com ciúme, que tentava interferir no nosso namoro. Ela fez com que eu me sentisse mal de acreditar nele e de não confiar nela. Parecia sincera e vulnerável, e disse que estava profundamente magoada. Eu me senti culpado. Ela era convincente a esse ponto.

E o meu problema era esse. Toda vez que discutíamos, vinha uma nova história e a narrativa era sempre a mesma. Ela me traiu muitas vezes, e em todas elas barganhava a volta para a minha vida me manipulando emocionalmente para me fazer acreditar que seus erros eram motivados por falhas minhas.

Esse padrão estava se tornando embaraçoso para mim. Minha reputação era a de um cara que conquistava as meninas. Não devia ser pela boa aparência, e sim pelo meu charme, eu era popular entre meus amigos e tinha um bom coração. Agora eu era o cara com a namorada que todos pegavam.

Meus amigos mais íntimos tinham me avisado. Até pessoas desconhecidas. Sugeriram que eu evitasse me apegar muito e fosse mais superficial com ela. Mas eu estava envolvido demais e não acreditava em manter um relacionamento sem futuro. Não queria magoá-la. E via uma luz nela que ninguém mais via.

As pessoas me rotularam de "dominado" e "obcecado", e com o tempo passei a fingir que *usava* minha namorada para encontros sexuais. Mas isso era mentira. Eu sentia que precisava dela. Era doloroso com ela, mas minha vida seria mais dolorosa sem ela. A dor não era só emocional. Eu brigava com outros homens por causa dela. Homens que me provocavam dizendo o que faziam com ela e que eu não a satisfazia, já que ela procurava outros.

Sempre ouvi dizer que são os homens que jogam, são eles, os que são cafajestes, que detêm o controle. Mas eu perdi o meu. Eu era um romântico incorrigível que acreditava numa ilusão que criei sobre ela e sobre a ligação que pensava poder ter com ela.

O tempo passou, novas provas surgiram e eu cheguei ao meu limite. Sabia que não podia ficar com ela e que precisava sair daquele relacionamento, não acreditar no que ela dizia nem cair na sua manipulação emocional.

Resolvi desafiá-la. Disse que, se fôssemos seguir em frente com o nosso relacionamento, ela teria de admitir tudo que tinha feito. Lá no fundo, eu sabia que nada que ela dissesse bastaria porque eu já tinha resolvido terminar, por mais doloroso que fosse. Mas ela não sabia disso.

E a reação dela pôs tudo isso sob uma nova ótica. Nem fiquei chocado quando ela contou todas as vezes que me traiu. Sempre soube que era verdade, mas simplesmente me recusava a aceitar. Tive quase uma necessidade de ouvir aquelas palavras ditas por ela. O que foi doloroso demais naquele momento foi que ela botou a culpa em mim. Claro que eu não era perfeito, mas ela me pintou como um fracassado e instigou dúvidas em mim, embora eu tivesse sido fiel e amoroso durante toda a nossa relação. As únicas vezes em que realmente dava motivo para ela bater em outra porta era quando discutíamos, quando eu a acusava de me enganar.

Depois foi muito difícil ficar sem enviar mensagens à noite, como sempre fazia. Nós terminamos algumas vezes antes de nos afastarmos de vez, e eu sempre reatava a comunicação para botar os pingos nos is. Mas o que eu estava realmente fazendo era manter minha rotina com ela. Eu reentrava na minha zona de conforto falando com ela, mesmo com uma discussão.

Introdução

Então precisei exercitar ao máximo minha força de vontade para não responder às mensagens de texto dela, que diziam coisas assim:

"Se você realmente gostasse de mim, responderia."

"Se me amasse mesmo, ia querer resolver isso."

"Estou com saudade e farei qualquer coisa para estar com você."

Mas aquela foi de fato a última gota. A mágoa tinha sido grande demais dessa vez, e eu estava disposto a encarar o sofrimento da mudança para romper minha ligação com ela. Precisava resistir à carência. Tinha de começar um novo capítulo.

Na época eu não sabia, mas nos meses seguintes ao fim do namoro passei por uma reação de tristeza traumática e por pensamentos intensos, sensações físicas e emoções. Com a perda traumática é realmente difícil encarar o conceito de que aquilo de fato aconteceu e que é verdade. Abaixo descrevo meus sintomas e suas trajetórias:

Negação — eu ainda não tinha certeza de que era mesmo o fim do namoro. Questionava se devíamos ou não tentar consertar. Porque se era amor, não devíamos simplesmente desistir.

Ódio — ódio é uma palavra forte que não gosto de usar, mas é assim que descrevo o que sentia por ela. Tinha me constrangido, tinha me feito de bobo e prejudicou minhas amizades mais importantes. Mas eu não estava apenas zangado com ela, eu sentia raiva de todas as mulheres. Sentia que não podia confiar nelas e que caras bonzinhos se davam mal.

Desapontamento — entrei em um estado de pensar e questionar demais os motivos das coisas não terem dado certo como deviam. O que deu errado? Por que ela fez aquilo? Ela disse que me amava!

E quando ela parou de enviar mensagens de texto porque eu não respondia, até pensei: se me amava de verdade, por que ia deixar o namoro acabar?

Culpa — passei por um período em que me culpava pelo fim do namoro. *Talvez, se fosse mais atencioso com ela, ela não teria prestado atenção em outro*, pensei. Lembrei do que ela dizia para eu me sentir culpado. Comecei até a questionar minha aparência e meus atributos físicos, e só fiquei mais inseguro ainda.

Antiamor — disse para mim mesmo que nunca mais amaria alguém e que nunca mais assumiria nenhum compromisso. Cheguei a me convencer de que precisava ser mais mulherengo. Esse papel não é da minha natureza e nunca consegui ser assim, mas realmente comecei a ter mais casos a esmo. Só que depois sentia vergonha e ficava decepcionado comigo mesmo.

Vivendo o sofrimento a caminho da cura

Depois que aquele relacionamento acabou, eu vivia repetindo para mim que não me envolveria profundamente de novo. Levantei a guarda e logo que percebia que estava me apaixonando por uma mulher ou me sentindo ameaçado por uma (como se ela fosse me magoar), procurava magoá-la antes e acabava com o namoro logo, sem dar qualquer chance para ela. Tinha problema de confiança e nunca admiti isso. Se uma mulher tivesse um amigo próximo, eu imaginava o pior e isso criava problemas nos meus relacionamentos românticos.

Introdução

Muitas vezes essa atitude significava que eu não tratava as mulheres como mereciam ou como era capaz. E apesar de acreditar que tudo acontece por algum motivo e que as coisas aconteceram da maneira como deveriam, eu lamento ter imposto meu próprio sofrimento e insegurança às minhas namoradas. Era eu que sempre terminava esses relacionamentos, mas assumo a responsabilidade pelas vezes em que não agi com amor, compaixão e compreensão.

A verdade é que, depois daquele rompimento, eu precisava passar por um processo de cura completo. O relacionamento tinha afetado seriamente minha confiança nas pessoas e, mais importante ainda, em mim. As minhas falhas de percepção significavam que eu nunca poderia amar com todo o meu ser. Eu não era capaz de estar presente em um relacionamento com amor verdadeiro para oferecer. Estava sempre tentando receber amor e, no momento em que percebia que isso não acontecia da forma que eu queria, eu desligava.

O que eu não sabia era que já estava começando o processo de cura. A partir do instante em que tomei a difícil decisão de terminar aquele namoro para valer, cada minuto, cada emoção dolorosa e cada faísca de raiva ou de dúvida eram vitais para a minha capacidade de me tornar a pessoa que sou hoje. A pessoa que eu tanto queria ser.

Não estou dizendo que estou "pronto" — há sempre trabalho pela frente e sempre haverá feridas para reconhecer e curar. Mas quando comecei a ter um papel ativo na minha própria cura, entendi que já tinha iniciado o processo anos antes. Só não entendia bem, não sabia interpretar os momentos de clareza nem usar minhas emoções para me empurrar para a frente em vez de ficar preso em um poço.

Mesmo nos estágios iniciais do relacionamento com a minha esposa, eu agi de acordo com o sofrimento do passado. Felizmente, ela teve capacidade — e disposição — de me dar espaço para que eu me curasse. Era minha responsabilidade me comprometer com a minha jornada de cura e também dar espaço para a dela, na qual ela se empenhava igualmente. Nós dois passávamos por um luto relativo a relacionamentos do passado. E embora tenha levado bastante tempo, quando aprendi a deixar meu ego de lado e dar as boas-vindas a uma nova vida, não havia mais volta.

A sua jornada para a cura

Este livro não é sobre relacionamentos. Bem, até é, porque relacionamentos (não só românticos) são sempre elementos importantes no processo de cura das pessoas. Mas quero deixar claro que não estou contando a história do rompimento da minha relação porque o livro trata de rompimentos. Ao contrário, estou compartilhando isso para expor uma pequena parte de mim, para revelar um sofrimento pelo qual passei e do qual me curei, em toda a sua feiura.

Essa história também revela algumas coisas sobre mim das quais me envergonhei durante anos — paranoia, ciúme, ego, insegurança e a disposição para acreditar em mentiras por não querer ficar sozinho. Estar pronto para revelar essas partes obscuras de nós mesmos é vital se queremos trazer luz para nossas vidas de novo. E se vou pedir para você fazer isso, você precisa saber que eu me disponho a fazer o mesmo.

Minha intenção neste livro é dar o apoio e a motivação necessários para você embarcar em sua jornada pessoal de cura. Entendo que algumas jornadas são mais difíceis do que outras. Você pode estar se curando do fim de um relacionamento, claro, mas se estiver curando outra coisa, também é bem-vindo aqui. Se passou por uma experiência traumática sobre a qual ainda não consegue falar, é bem-vindo aqui. E se está se comprometendo a curar velhas feridas emocionais ou lutando contra algo novo e sofrido, é bem-vindo aqui também.

Você entenderá melhor a experiência que teve e descobrirá oportunidades para refletir e encarar seu sofrimento de uma forma nova. Não vou fingir que será fácil ler todas as páginas nem que todos os momentos dessa jornada trarão uma sensação boa para você — porque a realidade da cura interior é que ela machuca. Você tem de enfrentar experiências e emoções que tentou sufocar, sentimentos que escondeu no fundo da sua mente.

Você precisa confrontar sua própria visão de mundo, de você e das outras pessoas. E tem de se convidar a aceitar a possibilidade de que você estava errado, de que as coisas não foram sempre o que você achava que eram.

Uma coisa que sei sobre trauma é que ele distorce e intensifica todo pensamento, sentimento, sensação física e o que mais tivermos de negativo. Trauma é como estar coberto de feridas abertas, nadando no mar. Uma pessoa inteira e curada provavelmente terá uma sensação positiva, especialmente se a água estiver numa temperatura convidativa e se gostar do mar. Mas alguém que está passando por um trauma sentirá dor quando a água salgada arder em cada ferida. O trauma deixa nossa pele fina, excessivamente sensível, nos faz superatentos e propensos à dor. E também costuma ser abrangente, de modo que nossa atenção se concentra na dor e na tentativa desesperada de evitar mais dor.

Quando você vivencia o mundo através das lentes do trauma, é fácil perder a oportunidade de ter experiências positivas. A cura não é um processo linear — damos dois passos para a frente e um para trás em todos os níveis. Aos poucos, a cura pode formar pequenas ondas, como acontece quando jogamos uma pedra em água parada. Cada onda penetra no trauma e o substitui por energia curativa. O comprometimento com as práticas de cura é o primeiro passo. Tenha paciência com você mesmo, consiga todo o apoio que puder, e mudanças positivas vão acontecer sem que você perceba.

Por mais cético ou inseguro que você se sinta agora, você está aqui — lendo essas palavras e dando os primeiros passos na sua jornada para uma poderosa cura interior. Você já está fazendo isso e, com este livro nas mãos, não precisa fazer sozinho. Cada capítulo inclui a dádiva de um ou dois exercícios práticos que aos poucos o levarão a uma nova sensação de confiança e liberdade. Os exercícios são simples e você aprenderá a integrá-los ao seu dia a dia de modo que seu processo de cura faça parte da sua rotina diária.

A cura interior não é para ser feita à noite ou nos fins de semana — você aprenderá a trabalhar nela o tempo todo. E ao longo do caminho vou compartilhar mais sobre mim, é claro. Vou relatar experiências que me ajudaram, e espero que isso faça com que se lembre de que está em boa companhia.

*Uma coisa que sei sobre trauma é
que ele distorce e intensifica todo
pensamento, sentimento, sensação física
e o que mais tivermos de negativo.*

*O trauma deixa nossa pele fina,
excessivamente sensível, nos faz
superatentos e propensos à dor.
E também costuma ser abrangente, de
modo que nossa atenção se concentra na
dor e na tentativa desesperada
de evitar mais dor.*

Se sua atenção está diminuindo, quero que pergunte para si mesmo a razão disso. Há uma voz dentro da sua cabeça dizendo "isso não é para mim, outras pessoas podem se curar, mas eu não"? Essa voz é a sua dor falando, e ela está errada. Pelo seguinte: a cura interior não é algo que só curandeiros ou pessoas espiritualizadas podem fazer. Todos somos curandeiros de nós mesmos. Você é o seu curandeiro — você tem todas as ferramentas para crescer e mudar, e este livro vai ensinar como usá-las.

Você vai descobrir como explorar os limites da sua experiência com curiosidade, não com medo. E se perguntar coisas que começarão a derrubar os muros que você construiu para se proteger do sofrimento. Assim poderá seguir sem esse peso na vida.

Perguntas como essas...

- Por que eu reajo assim?

- Por que essa lembrança específica é tão importante para mim?

- Por que baseio minhas percepções do mundo naquela lembrança e não em outra?

- Em quem eu confio? Em quem posso confiar?

- O que aconteceria se eu contasse isso para alguém?

- Como desejaria viver se me sentisse completamente livre?

Então, venha comigo. Seja bem-vindo nessa jornada. E talvez em breve você possa receber *você mesmo* na jornada para a verdadeira paz todos os dias.

CAPÍTULO 1

Quantos corpos?

Trabalhar cada camada do ser é a chave para a cura interior.

Antes de nos aprofundar no processo para a cura interior, quero dedicar um tempo, na verdade um breve capítulo, para explicar por que o livro tem essa estrutura e como isso será seu apoio na jornada. A ordem dos capítulos não é acidental, e é importante que você saiba que existe uma razão para *cada página*, mesmo quando você está lidando com as que considera mais difíceis ou desafiadoras, e até quando passa pelas que são fáceis e tranquilas.

Já dei pistas de que nem sempre aceitei a ideia de "cura", e definitivamente não as noções de espiritualidade ou crescimento interior. Estava concentrado em outras coisas. Em ser homem (ou, mais especificamente, viver de um jeito que eu considerava "masculino"), atingir certos objetivos e conseguir tudo de material que achava que faria minha vida ter valor e ser boa. Por conta disso me identifico completamente com as pessoas que não gostam da conversa de "crescimento" ou que acham que práticas espirituais não são para elas.

Parece você? Se sim, vou dizer uma coisa: não precisa desativar sua descrença ao ler este livro. Vou pedir para entrar nele de mente aberta e disposto a experimentar conceitos que talvez não tenha levado em conta antes, mas não vou dizer que precisa se transformar numa pessoa espiritualizada ou começar a acreditar em magia, ou cristais, para se sentir melhor e se abrir para mais positividade e liberdade.

Dito isso, enquanto planejava essa obra, eu realmente queria entremeá-la com alguns princípios da filosofia da ioga, porque eles me guiaram brilhantemente na minha jornada. Muitas pessoas começam a praticar ioga e mais tarde descobrem a filosofia da ioga, mas eu entrei *primeiro* na filosofia. Fui inspirado pelo grande número de pessoas que creditam à prática da ioga alguma forma de cura, crescimento ou melhora de vida.

Então, um dia comprei um livro chamado *Os yoga sutras de Patanjali*. A tradução livre de "sutra" do sânscrito é "fio", "linha", e esse livro explora as linhas da sabedoria, ou ensinamentos que formam a prática holística da ioga. Além de conter traduções dos sutras, também é um guia de como cada um pode ajudar a levar o praticante de ioga ao seu ser verdadeiro, à revelação, esclarecimento.

Agora também pratico um pouco de ioga, mas ainda me concentro na meditação — a prática na qual o indivíduo mergulha completamente no momento presente através dos sentidos enquanto observa, calmamente e sem juízo de valor, seus pensamentos, suas emoções e sensações físicas. Mesmo assim o *Yoga sutras* se tornou meu Santo Graal.

Não estou convencido de que o esclarecimento seja o único objetivo válido na vida. A ideia de que só precisamos de nós mesmos e que podemos nos libertar do desejo e ser perfeitamente felizes, em paz, todos os segundos de todos os dias pelo restante das nossas vidas parece maravilhosa, claro. Mas não acredito que nosso único propósito nessa Terra seja rejeitar tudo do nosso dia a dia e prescindir da conexão com

Quantos corpos?

outros seres humanos, ou confortos pessoais, ou desejos e sermos seres puros e perfeitos.

Para ser franco, muitas vezes questionei se isso é mesmo possível, principalmente porque, ao longo dos anos, muitas pessoas que afirmaram ser esclarecidas, iluminadas, acabaram se revelando líderes de cultos. Se alguém faz mal a outra pessoa ou abusa dela através do próprio desejo, ou porque foi afetada pelo poder que conseguiu quando outros começaram a acreditar que era iluminada... bem, esses não podiam ser realmente iluminados, não é mesmo?

Pessoalmente conheci apenas algumas pessoas que considero que chegam perto da ideia de iluminadas como descrito nos textos antigos, e mesmo essas têm limitações. Mas quando comecei a ler *Os yoga sutras de Patanjali* vi que podia me beneficiar imensamente sem ter de acreditar em um resultado específico.

Embora o livro tenha orientações detalhadas para viver melhor no dia a dia, essa abordagem é surpreendentemente nada dogmática. Descobri que o que tirei dele, afinal, foi um tipo de confiança a partir da qual eu podia me sentir livre, podia me libertar. Não no sentido tradicional de ser iluminado e esclarecido, mas no sentido de que podia me libertar das coisas em mim que me impediam de ser confiante, seguro e entusiasmado com meu futuro.

Pude tirar do livro e da sabedoria nele contida o que eu precisava, e aplicar esses ensinamentos no meu cotidiano de um jeito que funcionava para mim e que parecia real, verdadeiramente uma ajuda, sem ser fresco ou falso ou pretensioso. Eu pude usar as lições do livro na prática e pular as partes que pareceram completamente irrelevantes para mim.

Como o trecho que diz que o espaço onde você pratica ioga "deve ter uma porta pequena e nenhuma janela; não deve ter buracos, cavidades, desníveis, degraus elevados e descidas. Deve ser coberto de estrume sem vermes, com um terraço na frente, um bom poço e tudo cercado por um muro".

É. Nem tudo no livro faz sentido para quem vive em um país desenvolvido no século XXI. Mas tudo bem, não quer dizer que nada de valor pode ser obtido na leitura do texto. Sinceramente. E ganhei muitas ideias valiosas dele.

Acenderam a luz

Aconteceu uma coisa enquanto eu lia *Os yoga sutras de Patanjali*: comecei a deixar para trás tudo que me fazia sofrer. Comecei a aceitar que não precisava me deixar afetar tanto pelos atos das outras pessoas. Descobri que podia escolher quem eu era e, o mais importante, que quem eu era não precisava mudar por conta do que outras pessoas pensavam de mim.

Adquiri um novo tipo de constância, e essa constância tem sido a âncora que me manteve forte enquanto avançava no processo da cura, de mais desapego e descartando crenças e impressões do passado para me tornar quem realmente quero ser.

Então, quando soube que ia escrever este livro, tive de enfrentar um conflito interno. Apesar de querer incluir alguns princípios da filosofia da ioga, aquelas coisas que me ajudaram muito, eu também queria, mais ainda, escrever um livro que não fosse cheio de coisas em sânscrito ou fofinhas, que deixariam os leitores desanimados. Alguns anos atrás eu desanimava com todas essas coisas, e por isso perdi a oportunidade de aprimorar minha vida e de ter um relacionamento melhor com meu passado e com quem sou hoje.

Não queria que ninguém — você, talvez — rejeitasse a ideia da cura interior por estar repleta de jargões espirituais. Nenhum conceito dos textos ioguistas teriam significado para você, a menos que já tivesse experimentado na prática, na sua vida. Mas eu sabia que se eu pudesse dar as ferramentas para você ter essa experiência e torná-las parte do seu processo de cura, sem apenas falar delas o tempo todo, elas iam *ajudá-lo*. Eu sabia que acrescentariam muito à sua vida, ao seu bem-estar e à sua capacidade de se sentir melhor.

Resolvi conversar com minha amiga Isla, professora de ioga, colega treinadora. Expliquei minha preocupação:

— Não quero deixar tudo isso de fora. Você sabe que seria muito proveitoso... Sinto que vou decepcionar os leitores se não encontrar um modo de incluir esses conceitos no livro. Mas não quero afastar as pessoas. Não quero que seja mais um livro de cura pela ioga que só quem já pratica ioga vai ler.

— Ok — disse Isla— , então você quer transmitir a experiência do uso desses princípios e do que eles nos fazem sentir, sem pedir cânticos em sânscrito ou dizer para eles deixarem de ser quem são?

— Isso.

— Então o próprio livro pode ser a experiência? Você precisa mesmo falar desses conceitos o tempo todo? Quando praticamos ioga fisicamente, não é essa coisa acadêmica. Não pensamos em filosofia todo o tempo. Simplesmente fazemos, e os benefícios vêm só de praticar. Tem algum jeito do livro ser uma forma de apenas praticar também?

Era isso. Eu precisava fazer do livro uma *experiência*, não só um texto para ler, mas uma jornada pelo ser. E então entendi: a estrutura do livro precisava formar os alicerces daquela jornada. Então, pesquisei os livros da minha estante e outros à procura de pistas e enchi cadernos com ideias, na procura da estrutura de cura perfeita que se escondia nas folhas de papel e em séculos de conhecimento e filosofia.

A jornada pelo ser

No livro *Os yoga sutras de Patanjali*, aprendemos os cinco "corpos", ou camadas, que formam todo o nosso ser. Esse é o ensinamento mais comum sobre os corpos, mas não é o único. Comecei a estruturar este livro pensando nos cinco corpos, mas não encaixava direito. Senti que precisava de mais espaço, mais camadas para percorrer e aprofundar esse trabalho de cura interior. Por isso recorri a uma interpretação diferente dos corpos que é usada em algumas escolas da ioga, inclusive a Kundalini:

Nós temos sete corpos.

Ei... como é? Muito bem, acompanhem-me. Como eu disse, este livro não será cheio de jargão espiritual, mas preciso incluir algumas palavras sobre esse conceito aqui, pelos motivos que mencionei antes. Para que você saiba que cada página tem um propósito. Mesmo aquelas que você prefere pular.

Em vez que pegar essas ideias e segui-las literalmente, considere que são modos diferentes, ou mais holísticos, de pensar nosso "ser". Porque no nosso mundo moderno tendemos a simplificar a ideia do ser humano completo. Por isso não somos muito bons no trabalho com todas as nossas complexidades, diferentes camadas e as partes sutis de nós que afetam todas as experiências, sentimentos e pensamentos que temos.

Quantos corpos?

Segundo os textos e ensinamentos antigos, cada um de nós tem um corpo físico e outros corpos "sutis". Na interpretação específica com a qual trabalho no livro há sete corpos.[1] O guru indiano Osho, conhecido mundialmente, talvez seja a pessoa que fala sobre, trabalha com e ensina o conceito dos sete corpos, e ele argumenta que só quando reconhecemos e cuidamos de cada corpo igualmente podemos ter paz, criatividade e estaremos completos.[2]

O corpo físico é só uma das nossas expressões, a mais óbvia. Mas todos os sete corpos precisam ter saúde e cuidados para todo o nosso ser vibrar.[3] Para vibrar em nível elevado, e nos sentirmos vivos e plenos de energia e positividade, cada um dos nossos sete corpos precisa trabalhar em harmonia com o outro.

Energia não é um conceito espiritual imaginário, é uma realidade da nossa existência. Um artigo recente de Medicina da Energia na revista *Global Advances in Health and Medicine* descobriu que terapias energéticas, inclusive as baseadas em tecnologias energéticas e as que usam toque humano diretamente, muitas vezes se combinam com técnicas bioquímicas, e essa combinação de terapia com ciência de última geração pode trazer enormes avanços na forma de tratamento dos profissionais médicos para tratar distúrbios físicos, mentais e emocionais.[4]

---

[1] Isaac, S. and Newhouse, F. (2001). *The Seven Bodies Unveiled*, Bluestar Communications Corporation.

[2] Osho. *Desvendando mistérios; chackras, kundalini, os sete corpos e outros temas esotéricos*. São Paulo: Alaúde, 2011.

[3] Little, T. (2016). *Yoga of the Subtle Body: A Guide to the Physical and Energetic Anatomy of Yoga*, Shambhala Publications Inc.

[4] Ross, C. L. (2019). "Energy Medicine: Current Status and Future Perspectives"; www.ncbi.nlm.nih.gov/pmc/articles/PMC6396053 (acessado em 2 de janeiro de 2021).

Porque a medicina moderna e tratamentos para saúde mental falham em alcance — não examinam a pessoa como um todo, o ser por inteiro, o corpo completo, o ser completo. Não somos máquinas. Não podemos apagar traumas nos livrando dos sintomas. Precisamos ir mais fundo, até as energias sutis que estão sempre operando dentro de nós.

Mas este livro não é sobre os sete corpos. Em vez disso, é uma jornada experimental através deles. Usa os sete corpos não como fato empírico, mas como uma poderosa linguagem para a compreensão, um arcabouço onde nos movemos pelo processo de cura de modo a construir e levar em conta todos os aspectos do nosso ser, sem negligenciar as áreas que muitas vezes ignoramos quando tentamos consertar apenas as feridas da superfície que são fáceis de ver.

Para vibrar em nível elevado e nos sentirmos vivos e plenos de energia e positividade, cada um dos nossos sete corpos precisa trabalhar em harmonia com o outro.

Nossos sete corpos

Este livro é em si uma espécie de meditação, é uma viagem prática, uma exploração vivida. Agora mesmo vou enumerar os sete corpos, com uma descrição muito breve de cada um para você entender como vamos trabalhar através das camadas do ser ao avançar por essas páginas.

E depois? Vamos fazer, simplesmente.

O corpo físico

Esse não precisa de muita explicação, nós todos conhecemos nosso corpo físico. Costuma ser o único que percebemos. É o intérprete entre o ser e o mundo. Nós o usamos para ter experiências, sensações e expressá-las.

O corpo etéreo

Esse corpo é intimamente ligado às nossas emoções. Dizem que se desenvolve entre os 7 e 14 anos, mas pode continuar a mudar durante a nossa vida toda se trabalharmos sempre com ele. É nesse corpo que estocamos nossas experiências emocionais, que depois vão formar nossa percepção de nós mesmos, das outras pessoas e do mundo.

O corpo astral

O corpo astral é associado ao raciocínio, intelecto e pensamento lógico. Ele se desenvolve a partir das nossas interações com o mundo, por isso a forma de usarmos a lógica e o raciocínio, o jeito de pensarmos no poder, depende muito de como e onde somos criados. Mas, como todos os corpos, o corpo astral pode se desenvolver e podemos nos concentrar nele para mudar nosso modo de pensar, para criar novos padrões, hábitos e novas motivações para aprender e mudar.

O corpo mental

O corpo mental vai um passo além do corpo astral; em vez de lógica e raciocínio, trata da intuição e do poder mental mais profundo. Isso não precisa ser esotérico. Nós todos temos intuição. Todos temos a capacidade de pressentir as coisas, de prever e de captar sinais minúsculos para compor a ideia geral. O corpo mental cria um mundo mais subjetivo, mas esse mundo é tão importante quanto qualquer experiência objetiva (se é que existe tal coisa). Ele é um acréscimo à plenitude da vida e ajuda a formar quem você é.

O corpo espiritual

Esse corpo trata de conexão. Quando trabalhamos nele nos abrimos para uma conexão mais profunda com nosso verdadeiro Eu — o ser que existe no nosso núcleo interno: aquele equilíbrio e aquela paz que existem dentro de nós, sempre.

O corpo cósmico

A maioria de nós experimenta o corpo cósmico em algum momento sem perceber. É o nível em que vamos *além* do eu e sentimos nossa conexão com o todo. Talvez você já tenha sentido: sentando observando a natureza e sentindo o mundo girando abaixo de nós, sabendo que você é parte de algo maior; sentindo amor (ou algum tipo de afeto e gentileza) por um estranho no transporte público, sem motivo algum; olhando para as estrelas e apreciando o quanto somos pequenos, de uma maneira libertadora e maravilhosa.

O corpo nirvânico

É nesse corpo que vivenciamos a maior liberdade. A verdadeira sensação de liberação — nada no mundo pode nos botar para baixo ou nos impedir de sermos quem somos. Quando trabalhamos regular e intimamente com esse corpo, podemos nos sentir livres em qualquer momento, não importa o que aconteça à nossa volta. Essa sensação de liberdade vem e vai, mas é sempre possível.

Trauma não existe no vácuo, ele afeta todos os nossos sete corpos. E como cada corpo exerce um papel na nossa maneira de sentir, nos mover, respirar, agir e viver, a cura interior não pode acontecer se apenas *um* corpo for curado. Precisamos trabalhar com os sete e permitir que novas conexões se formem entre eles.

Você entendeu: vamos trabalhar com esses corpos um por um, indo mais fundo no ser e curando cada camada por que passamos.

E agora... esqueça tudo que acabei de dizer (bem, mais ou menos).

Você não precisa decorar nada sobre os sete corpos. Confie que está fazendo o que precisa lendo o livro. Não há necessidade de se envolver muito com a ideia dos corpos, ou de se identificar demais com eles, porque este livro vai guiá-lo através deles sem esforço. Pense que é um conceito para nos ajudar a abordar a cura interior de modo eficiente. Os corpos, ou camadas do ser, não precisam se tornar realidade concreta na sua mente, vamos usá-los simplesmente como estrutura para nos explorar melhor.

Como é a cura interior?

Quando falo de autocura, muitas vezes perguntam como isso funciona na prática. E é uma pergunta muito difícil de responder. Não quero dizer como você deve sentir exatamente, nem qual resultado deve buscar, porque não há nada que se "deva" fazer. Pessoas diferentes sentem

Quantos corpos?

coisas diferentes e precisam de coisas diferentes, e vivenciam mudanças diferentes e padrões de crescimento diferentes quando vão mais fundo em seu trabalho interior.

Acho que isso é quase uma isenção de direitos. Mas existem alguns efeitos gerais esperados no processo. Leia esses efeitos com a consciência de que sua jornada é única para você. Se não vivenciar nada disso, ou se sua experiência for completamente diferente, não pense que está fazendo errado (ou que há algo de errado com você).

Você pode ter essas reações:

- Sentir uma nova estabilidade emocional e ter mais controle das suas reações a gatilhos (ou então esses gatilhos podem desaparecer por completo).

- Ter uma sensação profunda de autoaceitação.

- Sentir paz. Não é fácil conseguir a paz interior. Exige muito esforço, mas você treinará isso lendo este livro. Você vai chegar lá.

- Conquistar uma nova habilidade de poder relembrar situações dolorosas sem sentir a dor de novo. Todas as vezes.

- Superar padrões de comportamento negativo que surgiram depois de experiências ou acontecimentos traumáticos.

Trauma não existe no vácuo, ele afeta todos os nossos sete corpos. E como cada corpo exerce um papel na nossa maneira de sentir, nos mover, respirar, agir e viver, a cura interior não pode acontecer se apenas um corpo for curado. Precisamos trabalhar com os sete.

- Deixar de lado as crenças que o limitam — as crenças inconscientes que você tem sobre você mesmo e o mundo, que limitam sua maneira de viver a vida — e criar um novo conjunto de crenças que lhe dão poder, deixam-no positivo e cheio de esperança.

- Encarar sua criança interior e curar as feridas de anos atrás.

- Interromper o ciclo de trauma geracional — de modo que as coisas que o machucaram não machuquem gerações futuras da sua família ou comunidade.

- Sentir-se livre.

Como usar este livro

Você vai precisar de um caderno e caneta ou lápis, e o desejo de crescer e de mudar. Fiz este livro para ser usado de duas formas:

1. Primeiro, trabalhe passo a passo, do começo ao fim. Cada capítulo é gerado a partir do anterior, e cada exercício também tem relação com o exercício anterior, então é uma jornada de fato. Quando você chegar ao fim desse processo, terá dado passos enormes para se curar. Mas a jornada é diferente para cada um, e haverá sempre voltas no caminho e buracos na estrada.

2. Em segundo lugar, depois que você analisar o livro inteiro, volte e releia os capítulos que sente que deve compreender melhor. Use novamente as práticas que parecem mais úteis para você, várias vezes. Repita, trabalhe melhor. Cada vez que usar uma das práticas, escreva no seu caderno — para poder avaliar seu progresso com o tempo e ver até onde chegou.

Deixe este livro na sua mesa, ou ao lado da cama, ou na bolsa. Recorra a ele quando se sentir provocado ou sobrecarregado e precise lembrar como botar os pés no chão e se equilibrar. E sempre que você se perder e não conseguir ver o caminho bem à sua frente, volte. Leia. Pare. Respire.

Não existe fracasso. Não importa quantas vezes caímos, sempre podemos levantar outra vez.

Agora mãos à obra.

Cada um dos capítulos seguintes se dedica a um dos sete corpos. Assim, o livro vai crescendo na sequência, suavemente. Você se aprofunda no seu ser e explora partes sutis da sua experiência humana.

Aproveite a jornada. Ela pode mudar sua vida.

CAPÍTULO 2

Comece com o corpo que você conhece

O corpo físico carrega nossa dor, mas também pode ser a chave para descarregar essa dor.

Começar nossa jornada pelos sete corpos, com o corpo que conhecemos melhor. Comecemos com uma pergunta: como é seu relacionamento com o seu corpo físico?

Espero que haja amor, valorização e positividade nessa relação, mas você não estaria sozinho se *também* tivesse algumas preocupações com seu corpo. Na verdade, se você passou por algum tipo de experiência traumática na vida, ela provavelmente se instalou em algum ponto do seu corpo físico; guardada e lembrada de modo que você a sente quando anda, ou corre, ou se abaixa, ou respira, ou fica parado.

Os momentos mais difíceis da minha vida foram mapeados no meu corpo. E quando passei por aquele fim de namoro, a dor que senti não foi só emocional. Andando pela rua, via alguma coisa que me fazia lembrar dela, uma mulher com roupas parecidas com as que ela usava ou um casal discutindo, porque ela teria comentado, sussurrando no meu ouvido, e meu coração disparava. Meu peito apertava e eu sentia falta de ar, depois ficava nauseado. Minhas pernas de repente pesavam, e eu achava difícil andar. Parecia que tinha esquecido como mover pernas e braços em harmonia uns com os outros.

Essa intensidade física sempre era logo acompanhada por estresse emocional, e eu me sentia inútil. Como poderia seguir em frente se havia lembranças dela por toda parte e se meu corpo não permitia que passasse por essas lembranças sem me desintegrar em pânico e desespero?

Se o evento traumático que você teve foi em grande parte físico, a reação do seu corpo aos gatilhos pode ser até mais debilitante. Quando alguém ou alguma coisa nos machuca, o corpo físico guarda essa dor. Não a deixamos para trás quando a experiência termina. *Podemos* fazer isso depois, só que para tal precisamos de consciência, disposição e esforço.

Use seu corpo físico para dar partida na cura

Alguns anos atrás, trabalhei com uma cliente de treino que queria estabelecer rotinas e hábitos mais positivos em sua vida. Os objetivos principais eram entrar em forma e sair mais de casa. Ela achava que estava muito reclusa e ficava ansiosa com a possibilidade de sair e socializar. Queria se sentir segura e feliz, gostar de estar com as pessoas.

Concordamos que íamos começar combinando os dois objetivos, e ela se inscreveu em uma turma de ginástica que tinha uma vibração sociável — os alunos costumavam sair para beber depois da aula e também se encontravam no parque nos fins de semana para se exercitar mais. Parecia uma forma simples de matar dois coelhos com uma cajadada só, com a estrutura e o apoio de que minha cliente precisava para ficar à vontade se expondo.

No entanto, depois de semanas, ela estava achando as saídas mais e mais difíceis. A dificuldade não estava nos exercícios propriamente ditos, apesar de ter sentido pontadas na lombar e nos quadris que viraram dor crônica. Ela passava dois dias inteiros antes das aulas sofrendo por pensar nos drinques depois dos exercícios.

Ela ligava para mim e dizia: "Não consigo parar de pensar, não posso ir. Não sei o que falar nem o que fazer com as mãos. E a caminhada da academia para o bar? Com quem eu vou? E se alguém se juntar a mim quando eu estiver andando sozinha atrás de todos como uma idiota?"

Eu perguntei: "Por que isso aconteceria?"

Ela disse: "E por que não aconteceria? Sinto que esse plano não está funcionando. Não estou me sentindo mais segura."

Procurei tranquilizá-la dizendo que era muito cedo, mas por dentro estava preocupado. Naquele estágio de um treinamento, não era comum um cliente não sentir o ânimo e a esperança da possibilidade, pelo menos um pouco. Eu achava que os exercícios dariam a ela uma rede de proteção, uma maneira leve para ela se expor. Mas foi muito mais difícil para ela do que eu esperava, e fiquei imaginando se tinha me contado toda a história.

Então perguntei pela segunda vez:

— Quando você acha que começou a ter problema com situações de interação social?

Ela ficou em silêncio ao telefone um tempo. Depois, ignorando minha pergunta, ela falou:

— E se eles não querem que eu vá ao bar e só me deixam ir a reboque porque seria falta de educação me impedir? E se de fato... eles me odeiam?

— Calma aí! Vamos voltar um pouco — disse eu. — Por que um grupo de desconhecidos odeia você? Essa é uma emoção muito forte. Aposto que eles devem estar curiosos sobre você e interessados em bater um papo para descobrir um pouco mais. É um encontro com poucas pessoas que fazem aula de ginástica juntas; a política social tem um peso mínimo nesse caso.

Quando alguém ou alguma coisa nos machuca, o corpo físico guarda essa dor. Não a deixamos para trás quando a experiência termina. Podemos fazer isso depois, só que para tal precisamos de consciência, disposição e esforço.

— Sempre fui odiada.

Pronto. Era isso. Ela disse em voz alta o que mais a envergonhava havia anos. O que carregava dentro dela, em segredo, e esperava que ninguém notasse. Eu sabia que aquele momento era muito importante na jornada dela e que eu tinha de ter cuidado. Se dissesse a palavra errada, ela podia interpretar que *eu* estava reforçando sua crença sobre ser odiada. E aí não teria como ajudá-la, ela iria embora.

— Tudo bem — eu disse —, respeito essa crença. Entendo que veio de algum lugar. E para passarmos por esse momento e descobrir uma forma de aumentar sua confiança, precisamos conversar sobre de onde isso saiu. Porque... e digo isso com carinho, eu juro... é pouco provável que seja verdade. Você não foi odiada sempre. Certamente não está sendo odiada agora. Eu não odeio você.

— Obrigada... — ela hesitou e depois continuou: — Eu tinha um grupo ótimo de amigos. Nos conhecemos na escola quando éramos adolescentes e continuamos amigos depois dos vinte. Um deles... Bem, eu me apaixonei por um deles e achei que ele também estava apaixonado por mim. E nos casamos aos 25 anos. Começamos o namoro com quase 17 e ficamos juntos 10 anos, e o tempo todo achei que éramos felizes.

Ela fez uma pausa e eu não falei nada. Era hora de ouvir, não de pressionar.

— Então um dia cheguei em casa e uma das nossas amigas estava lá. Éramos oito nesse grupo, e ela e eu éramos tão amigas quanto o resto, ou eu pensava que fôssemos. No início, não entendi. Ela estava na sala de calcinha e sutiã, segurando o controle remoto em uma das mãos e um drinque na outra. Eu pensei... ora, não sei o que pensei. Então meu marido saiu do quarto e ele estava só de cueca... E foi assim que eu soube.

— Ele estava traindo você com sua amiga — eu disse.

— É. Mas a questão é a seguinte: todo o grupo sabia. E eles já faziam isso havia anos, desde quando tínhamos 18. Fizeram isso o tempo todo, todo o nosso relacionamento, todo o nosso casamento e eu era a única dos oito que não sabia. Estavam todos juntos naquilo. Então me odiavam, só podia ser isso, para todos me enganarem daquele jeito.

Ouvi a voz dela falhar, por isso sugeri que esperasse um pouco e relaxasse. Nos encontraríamos para planejar alguma outra coisa no dia seguinte.

E eu entendi o problema de ela estar em um grupo, o medo de ser deixada de lado, julgada e rejeitada em segredo. Não era medo de gente nova, não era medo de gente, era o medo de não ser suficientemente boa para ser considerada uma igual. Ela foi empurrada para o canto em algo que pensava ser seguro e amoroso, e foi mais do que traída. Fizeram com que se sentisse um zero à esquerda.

A reação dela não era incomum, seria difícil alguém não reagir assim. É difícil não sentir dor e culpa quando um parceiro trai, mas quando um grupo de amigos está nessa e mente para você... Como pode se convencer de que todos eles estavam fazendo uma maldade e não só se comportando como você merece?

Quando a minha cliente e eu nos encontramos no dia seguinte, resolvemos começar devagar.

— Por enquanto vamos esquecer os drinques depois da aula — eu disse — e pensar só na aula mesmo.

E foi o que ela fez. Ela fazia ginástica duas vezes por semana, e por dois meses nem pensou em se juntar ao grupo no bar depois do treino. Fazia apenas os exercícios e se despedia. E o resultado disso surpreendeu a nós dois: a dor nas costas e nos quadris desapareceu completamente.

— Não era exatamente uma dor por causa do exercício — ela disse —; era o medo de sair depois da aula. Quando parei de sentir medo, parei de sentir dor.

Esse foi um momento importante na sua jornada pessoal de cura. Nem tudo estava resolvido, é claro, mas ela sentiu que suas emoções e angústia eram concretas, tinham um peso. E para mim foi também um momento importante no meu trabalho de coach e no meu próprio processo de cura. Tinha lido livros e ouvido palestras sobre os traumas que ficam armazenados em nosso corpo, mas até ali não tinha visto isso acontecer de forma tão clara.

Além da minha cliente carregar aquele sofrimento em uma área específica do corpo, havia também o fato de que bastou trabalhar *com* o corpo e *apenas* o corpo para liberar a dor emocional e também a física. Depois de semanas de aulas e sem sentir mais a dor física, ela começou a pensar de novo em ir ao bar com o grupo de ginástica e descobriu que não estava mais com medo. Tinha trabalhado o físico primeiro, e a cura emocional veio em seguida.

Claro que levou muito mais tempo para ir mais fundo e chegar a um lugar em que ela se sentisse realmente forte, confiante e digna de amor e respeito. Mas o trabalho físico foi a ignição do processo e funcionou como uma chave para destrancar a porta que levava ao seu caminho ímpar de cura.

Como você se relaciona com seu corpo físico?

Vamos voltar a essa pergunta...

Não me entenda mal, eu sei que essa não é fácil de responder. Alguns de nós temos, sim, uma compreensão de como nos sentimos quanto ao nosso corpo, enquanto outros viveram suas vidas até este ponto absolutamente determinados a não aceitar que essa relação é complicada. Não sei quanto a você, mas nunca conheci ninguém — nem na vida profissional nem na pessoal — que não tivesse algum tipo de contrariedade física ou que se sentisse completamente confortável com tudo que o próprio corpo sentia, como funcionava e a aparência que tinha.

Porque quase todas as experiências que tivemos ficam gravadas em nossos corpos. Algumas de maneira óbvia, como um ferimento ou uma cicatriz adquirida em algum acidente traumático, ou um jeito de se mover que foi desenvolvido devido a críticas ou pressão para se adequar a alguma norma.

Por exemplo, tenho um amigo que anda com os pés virados para fora de um jeito que parece bem desconfortável e, quando perguntei sobre isso um dia, ele me contou que, quando criança, seus avós diziam que ele tinha "andar de pombo" (os pés ficavam para dentro) e o obrigaram a corrigir. Suas articulações do joelho e dos quadris sofrem desde então, mas ele nunca conseguiu abandonar a crença entranhada de que, se andar com os pés para dentro, de algum modo ele não é bom o bastante.

E outras experiências estão presentes de forma mais sutil. Uma pontada de dor quando sentamos em determinada posição, uma crença rígida de que nosso corpo é incapaz de fazer alguma coisa, um problema digestivo ligado ao estresse, o medo de que nosso corpo pareça de determinado jeito para as outras pessoas ou o simples medo de que nosso corpo seja visto.

Já que sei que não é uma pergunta fácil, não espero que você dê a resposta só pensando. Em vez disso, gostaria que fizesse o primeiro exercício prático deste livro — uma prática que vai começar a prepará-lo para tudo que vem depois. É uma forma de perguntar ao seu corpo *todo*, e não apenas ao seu cérebro, como ele está, e a reconhecer o desconforto onde houver.

Prática #1: Escanear a história pessoal do corpo

Esses exercícios para o corpo são usados em todas as metodologias (inclusive na ioga e em diferentes escolas de meditação), e por um bom motivo. A ciência por trás desses métodos foi explorada mais profundamente na última década e ficou claríssimo que os benefícios das práticas de escanear o corpo inteiro não são apenas pseudociência espiritual.

Especialistas de áreas diferentes, incluindo psicologia e neurociência, descobriram que exercícios similares ao que vou explicar mais adiante têm resultados poderosos: do tratamento da insônia[5] à diminuição dos efeitos do estresse, da depressão, de distúrbios de ansiedade e até de distúrbio pós-traumático.[6]

---

[5] Datta, K. et al. (2017). "Yoga Nidra: An Innovative Approach for Management of Chronic Insomnia – A Case Report"; https://sleep.biomedcentral.com/articles/10.1186/s41606-017-0009-4 (acessado em 2 de janeiro de 2021).

[6] Dhamodhini, K., Sendhilkumar, M. (2018). "Outcome of Yoga Nidra Practice on Various Mental Health Problems and General Wellbeing: A Review Study"; www.ijcmph.com/index.php/ijcmph/article/view/3979 (acessado em 2 de janeiro de 2021).

Esta técnica específica de escaneamento do corpo vai:

- Criar uma experiência geral de profundo relaxamento e, a partir daí, você poderá sentir os contornos do seu corpo e notar desconforto sem ter medo dele.

- Ajudar você a saber a diferença entre desconforto físico que é *apenas* físico (que creio ser muito raro) e desconforto físico ligado a desconforto emocional ou trauma.

- Aprimorar sua habilidade de reconhecer padrões no que sente de modo que, com o tempo, fique mais fácil identificar exatamente em que ponto do corpo você armazena experiências do passado. Por outro lado, isso significa que você saberá em quais áreas do corpo deve trabalhar para liberar essas experiências e progredir no seu caminho de cura interior.

Quando se trata de cura, consciência é a chave. Você precisa estar disposto a notar o que acontece com você, e é crucial desenvolver ferramentas que permitam a você se concentrar, estar presente e reconhecer seu estado neste momento.

- Sentir-se próximo ao seu corpo e, assim, ter carinho e amor por ele, em vez de se sentir distante ou de não confiar nele.

- Atuar como numa prática de cura propriamente dita. A experiência de se sentir confortável no seu corpo e de estar presente com ele, sentir as raízes da sua vibração e notar onde a energia positiva flui livremente e onde não flui vai ajudá-lo a ficar em maior sintonia com o seu corpo, de modo que uma harmonia interna comece a se revelar.

Quando se trata de cura, consciência é a chave. Você precisa estar disposto a *notar* o que acontece com você, e é crucial desenvolver ferramentas — como esta — que permitam a você se concentrar, estar presente e reconhecer seu estado neste momento.

A maior parte das práticas desse escaneamento do corpo é feita de olhos fechados, porque isso ajuda a evitar a distração com os sentidos externos e sua mente pode se concentrar no seu interior, na sua experiência interna. Mas esta aqui pode ser feita de olhos fechados ou abertos, a escolha é sua.

Eu desenvolvi esta prática para funcionar assim porque entendo que, se você está lidando com certas formas ou manifestações de trauma, fechar os olhos pode gerar uma sensação de vulnerabilidade que não é boa ou ativar pânico ou estresse emocional. E isso seria distração muito maior do que estar de olhos abertos.

Além disso, uma prática de olhos abertos significa que você pode acompanhar essas instruções enquanto pratica, se precisar. Então talvez, quando pegar o jeito, possa experimentar este exercício de olhos fechados, caso se sinta à vontade com isso.

Mapeie a sua história fisicamente

Escolha um cômodo silencioso onde não seja incomodado por ninguém durante algum tempo. Faça tudo que precisar para se sentir confortável, seguro e calmo nesse cômodo. Talvez fechando a porta, abrindo uma janela para entrar ar fresco, se estiver quente, ou usando aquecedor ou cobertores para se aquecer, se estiver frio.

E assim estará pronto para começar. Leia todas as instruções a seguir antes de começar o exercício, mas pode consultá-las enquanto pratica, se precisar.

1. Deite de costas com as pernas bem abertas e os pés virados para fora. Abra os braços com as palmas das mãos para cima. Se sentir dor ou desconforto na lombar deitado desse jeito, pode botar duas almofadas sob os joelhos ou dobrá-los e apoiar os pés no chão, perto dos quadris. Elevar os joelhos faz com que a lombar fique no nível do chão.

2. Se quiser fechar os olhos neste exercício, a hora é agora. Se quiser mantê-los abertos, semicerre as pálpebras para que a visão fique embaçada, fora de foco.

3. Faça quaisquer movimentos que precise para se sentir totalmente confortável agora. Se tiver alguma coceira, coce. Qualquer tensão, alongue. Se tiver fios de cabelo ou roupa incomodando no rosto ou em qualquer outra parte, ajeite. E quando estiver pronto, fique imóvel.

4. Comece pelos pés, note cada parte do corpo de uma vez. Você não precisa fazer nada. Não tem de se mover nem mudar nada naquela parte do corpo quando toma consciência dela, apenas *preste atenção* nela. Essa é a prática de escanear o corpo. Trabalhe todo o corpo, na seguinte ordem:

Perceba...

~ os dedos do pé direito

~ a sola do pé direito

~ o calcanhar do pé direito

~ o peito do pé direito

~ o pé direito inteiro

~ o tornozelo direito

~ a canela direita, depois a batata da perna

~ o joelho direito, a parte da frente e a de trás

~ a coxa direita, a parte da frente e a de trás

~ a nádega direita

~ o quadril direito

Tome consciência de toda a perna direita e o pé.

Então perceba...

~ os dedos do pé esquerdo

~ a sola do pé esquerdo

~ o calcanhar do pé esquerdo

~ o peito do pé esquerdo

~ o pé esquerdo todo

~ o tornozelo esquerdo

~ a canela esquerda, depois a batata da perna

~ o joelho esquerdo, a parte da frente e a de trás

~ a coxa esquerda, a parte da frente e a de trás

~ a nádega esquerda

~ o quadril esquerdo

Tome consciência de toda a perna esquerda e o pé.

Agora perceba...

~ o baixo abdômen

~ o umbigo

Comece com o corpo que você conhece

~ as costelas de baixo

~ as costelas de cima

~ o lado direito do peito

~ o lado esquerdo do peito

~ a parte da frente dos ombros

~ a parte de cima dos ombros

~ a parte de trás dos ombros

~ os dedos da mão direita

~ a palma da mão direita

~ o pulso direito e o antebraço

~ o braço direito

~ os dedos da mão esquerda

~ a palma da mão esquerda

~ o pulso esquerdo e o antebraço

~ o braço esquerdo

~ a parte de cima das costas

~ a parte de trás da cintura

~ a parte de baixo das costas

Tome consciência dos lados do corpo, os dois lados da cintura. Então preste atenção no torso inteiro. Você está completamente consciente do seu torso todo.

Agora perceba...

~ a garganta

~ o queixo e o maxilar

~ a boca

~ a face direita

~ a orelha direita

~ a face esquerda

~ a orelha esquerda

~ o nariz

~ a ponte do nariz

~ o olho direito e a sobrancelha

~ o olho esquerdo e a sobrancelha

~ a testa

Deixe a consciência subir mais. Note o topo da cabeça. A parte de trás da cabeça e então a nuca. Você está consciente da cabeça toda e do pescoço todo.

Então note o corpo todo. Das pontas dos dedos dos pés até o topo da cabeça, você está completamente consciente do corpo inteiro. Relaxado, calmo e imóvel. Você está completamente à vontade.

5. Deitado com essa consciência concentrada, alerta (e até prazerosa talvez?!) do corpo inteiro, você começa a sentir a experiência física. Você está conectado com o seu corpo. Está reconhecendo a relação simbiótica entre todas as partes com todas as outras partes do seu corpo.

Então fique ciente da sua vibração — da sensação de energia que emana do seu corpo. Note a vibração geral; ela pode parecer calor, ou uma energia visceral pulsante, ou pode ser mais sutil, algo que você percebe sem nenhuma sensação física notável. Esse estado relaxado e consciente é ideal para notar como você está e se sua vibração está baixa, ou lenta, ou alta, vibrante, fluindo livremente.

6. Agora deixe a consciência viajar para quaisquer partes do corpo que não pareçam "bem". Essa sensação é diferente para cada pessoa. Você pode notar áreas que estão tensas ou que provocam algum incômodo. Ou então, quando move a consciência pelo corpo em qualquer direção que queira, talvez note que evita automaticamente algumas partes, ou passa correndo por elas, porque são gatilhos para uma emoção ou lembrança incômodas.

Concentre-se nessas áreas. Mais uma vez, não precisa *fazer nada*, apenas perceber a existência de cada parte. Deixe a consciência parar nesses lugares. Reconheça os sentimentos que existem ali. Aceite que há alguma coisa ali que precisa ser curada.

7. Finalizando, ponha as mãos no peito com as palmas para baixo. Agradeça a você mesmo por ter feito este exercício. E faça uma promessa para o seu corpo, vocalizando a seguinte frase em voz alta ou na sua mente: *eu darei atenção às áreas que pediram minha atenção, vou curar o que precisa ser curado*.

8. Respire fundo e, quando estiver pronto, sente-se. Faça a transição desta prática para o restante do seu dia devagar. Não há pressa.

• • • • • • • • • •

Resistência é uma pista

Qualquer pensamento, emoção, sensação ou experiência que provoque sua resistência ou que você tente evitar expõe um espaço dentro de você que pede para ser curado (até certo ponto, claro, é normal e saudável querer evitar experiências diretamente terríveis). O exercício que você acabou de fazer é uma forma simples de começar a notar essa resistência, para compreender melhor em que pode concentrar sua energia de cura interior a qualquer momento.

Em outras palavras, você não precisa se assustar com as coisas que provocam forte aversão. Em vez disso, pode aceitar que essas coisas são pistas e abordá-las com curiosidade em vez de medo. É provável que você descubra que, mudando sua forma de lidar com essas coisas, o poder delas diminui surpreendentemente rápido.

A cliente sobre a qual escrevi antes neste capítulo descobriu que sua dor física dava pistas importantes que podiam ajudá-la a curar sua dor emocional. E ela definitivamente não é a única. Em seu livro revelador *O corpo guarda as marcas*, o psiquiatra holandês Bessel van der Kolk explora esse assunto em detalhes. Ele diz que, depois de passarmos por uma experiência traumática, por mais que tentemos fingir que nada aconteceu e seguir com nossas vidas normalmente, "a parte do nosso cérebro que se dedica a garantir nossa sobrevivência (bem no fundo do nosso cérebro racional) não é muito boa em negação".

"Muito tempo depois da experiência traumática terminar, ela pode ser reativada pela simples insinuação de perigo e mobilizar circuitos cerebrais de estresse, secretando grandes quantidades de hormônios ligados a ele. Isso acelera emoções desagradáveis, sensações físicas intensas e atos impulsivos e agressivos."[7]

---

[7] Van der Kolk, Bessel. *O corpo guarda as marcas: cérebro, mente e corpo na cura do trauma*. Rio de Janeiro: Sextante, 2020.

Nós fazemos todo o possível para evitar ter de encarar nosso trauma, mas é impossível apagá-lo da nossa história. Se tentarmos fazer isso, ou fingir que fizemos, ele sempre volta para nos causar dor. O que temos de fazer realmente é trabalhar com ele. Revirá-lo e vê-lo de outra forma.

E aos poucos, com o tempo, de uma forma desordenada que não é nada linear (haverá dias bons e dias ruins — nem sempre com alguma razão óbvia para de repente empacarmos nas profundezas de um dia muito, muito ruim), precisaremos chegar a uma espécie de aceitação desse trauma como parte do nosso passado. Então estaremos nos curando.

Em 2019, quando a minha jornada de cura já estava bem adiantada, e eu estabelecera a minha prática de escolher curiosidade em vez de medo, fiz uma coisa que não teria sido possível quando era mais jovem. Lembro da data porque pareceu imensa: 31 de março, Dia das Mães na Inglaterra.

Fiz um texto no Instagram com alguns dos problemas e traumas pelos quais passei com minha família quando criança. Esse trauma é mais profundo do que o fim do namoro que contei anteriormente. Ele moldou quem eu era (e ainda sou), e levei muitos anos e bastante trabalho para começar a aceitar que o meu eu infantil — a criança interior — merecia falar e se libertar.

No texto, falei sobre a vida depois que meu pai morreu, quando eu era bem pequeno. Escrevi sobre minha mãe, a maior força na minha vida, de como ela lutou para se adaptar a um novo país e uma nova língua sozinha, com os filhos. Escrevi sobre o padrasto abusivo com quem vivíamos, que jogava sua dor em nós, às vezes com violência. E compartilhei com o mundo como temíamos por nossas vidas, enfrentávamos abusos racistas, éramos sem-teto, perdidos e passávamos fome.

Nós fazemos todo o possível para evitar ter de encarar nosso trauma, mas é impossível apagá-lo da nossa história. Se tentarmos fazer isso, ou fingir que fizemos, ele sempre volta para nos causar dor. O que temos de fazer realmente é trabalhar com ele. Revirá-lo e vê-lo de outra forma.

Nós éramos imigrantes, e eu carreguei tristeza e medo comigo anos a fio por tudo que tivemos de aturar. A intensidade daquelas emoções aparecia toda vez que eu sentia que não me encaixava ou que era rejeitado. Sentia isso por dentro, no meu coração, na rigidez que se instalava nas articulações e na indisposição do meu corpo para ficar altivo e dar os passos grandes e firmes que eu tanto queria dar.

Mas, quando publiquei o texto, também compreendi que trazia outra coisa daquele tempo. Algo ainda mais poderoso: a força, a fé e a perseverança que minha mãe demonstrava para nós todos os dias. E que eu também demonstrava para mim mesmo pelo simples fato de sobreviver, porque quando me dei conta do que tinha acontecido comigo e do que tinha enfrentado, foi impossível não reconhecer que eu também era forte e que tinha crescido com algo sólido. Por mais que nossas vidas fossem instáveis, nossos corações não eram.

Trauma nunca nos dá apenas uma coisa. Examinando melhor, há sempre prova de uma verdade por baixo das mentiras em que nosso sofrimento quer que acreditemos. Porque nós sobrevivemos — você é um sobrevivente.

Você pode usar seu corpo para iniciar o processo de aceitação do sofrimento emocional que vem dos primeiros anos da sua vida. Seu corpo é uma ferramenta que está sempre com você, se aprender como usá-la. Mover seu corpo de certa maneira pode dar a partida no processo da cura interior, a sua oportunidade de voltar a um tempo *anterior* ao seu sofrimento e de sentir seu físico como se fosse novo, como se as possibilidades na sua vida estivessem intactas, em branco e abertas. Essa é uma verdade de fato, porque as possibilidades na sua vida estão realmente abertas.

John Stirk, professor de ioga famoso na Inglaterra, dedicou anos ao estudo da forma como as pessoas se movem e do porquê. Quando li o livro dele, *The Original Body*, fiquei inspirado pela ideia de mover nosso corpo como se nunca tivesse feito isso antes.[8] Se você fosse completamente novo no mundo, o que faria com esse corpo no qual nasceu? O que seus músculos fariam? Para onde olharia?

O tipo de movimento que escolhemos fazer e as decisões que tomamos sobre como usar nosso corpo — e como mudar, ou pelo menos interromper momentaneamente padrões de movimentos aos quais estamos presos há anos — provocam um impacto poderoso em como nos sentimos. Mover nosso corpo de um jeito novo pode permitir que a nossa mente se mova de um jeito novo.

E é isso que quero que você experimente agora.

Prática #2: Mexa-se, mude sua energia e abra espaço para o seu potencial

Para este exercício, você precisa estar em um ambiente confortável. Não precisa de muito espaço físico, mas precisa de espaço mental. Ou seja: nada de interrupções. Nenhuma preocupação com alguém entrando a qualquer minuto e perguntando o que você está fazendo. Porque você tem de evitar constrangimento e ser capaz de... bem, basicamente fazer coisas meio esquisitas.

Vamos trabalhar com o corpo como se ele fosse novo. Depois, vamos mais fundo na conexão do que é chamado de "criança interior" e "reparentalidade" para formar novos caminhos neurológicos e liberar as

---

[8] Stirk, J. (2015). *The Original Body: Primal Movement for Yoga Teachers.* Handspring Publishing Ltd.

crenças inconscientes limitantes sobre você mesmo que o impedem de avançar. Esta prática com o corpo é a base para isso, para estabelecer uma nova perspectiva no corpo físico.

E sabe de uma coisa? Isso pode ser bem estranho. Pode ser desconfortável e talvez você manifeste uma forte resistência. Tudo bem. É mesmo meio estranho. Mas você não precisa acreditar logo para que dê certo. É uma prática. Que usa o corpo físico. E mesmo que você não sinta de imediato nenhum efeito notável, *está* funcionando e você *está* fazendo direito.

A verdade é que a autocura é caótica. Certamente haverá minutos, dias, semanas ou até meses em que você terá a sensação de alegria e harmonia, e seu progresso será óbvio. Mas, grande parte do tempo, se curar provoca uma sensação esquisita. Às vezes dói. Muito. Porque tem de doer. Tenha paciência com suas feridas emocionais.

Expandir e sentir

Quando você escolher seu lugar tranquilo e inviolável e souber que tem de dez a quinze minutos nele, sozinho e em paz, pode começar. Manter os olhos fechados até o oitavo passo aumenta a eficácia do exercício. Mas se você não se sentir bem de olhos fechados, procure desfocar o olhar, talvez encarando o chão ou qualquer outro ponto neutro.

1. Sente-se com as costas apoiadas numa parede, os joelhos no peito e os pés retos sobre o chão. Abrace suas pernas e deixe os punhos cerrados. Deite a cabeça nos joelhos ou próximo deles. Se isso for desconfortável ou impossível, experimente botar uma almofada sobre os joelhos e deitar a cabeça nela.

2. Feche os olhos. Observe a respiração. Não tente mudá-la ou controlá-la, apenas observe enquanto inspira e expira. Deixe-a fluir.

3. Enquanto descansa assim, observe três pontos do corpo: a testa, o centro do peito e o baixo abdômen. Imagine que cada um desses três pontos está ficando mais suave, mais quente e relaxado.

4. Não se apresse. E quando estiver pronto, comece bem devagar a levantar a cabeça dos joelhos. Bem devagar. Como se nunca tivesse levantado a cabeça antes e não soubesse como funciona. Você nunca sentiu os músculos do pescoço trabalhando ou experimentou a sensação do ar na pele do rosto. Mantenha os olhos fechados. Continue a levantar a cabeça até ficar confortavelmente equilibrada no pescoço.

5. Em seguida, e ainda de olhos fechados, comece a mover os braços. Muito devagar. Outra vez, é como se nunca tivesse movido os braços antes. Eles se descruzam e se erguem acima da cabeça. Em algum ponto, suas mãos relaxam e seus dedos esticam devagar. É como se os braços tateassem no espaço em volta pela primeira vez.

6. Agora incline suavemente a cabeça de um lado para o outro, ainda bem devagar, primeiro inclinando a orelha direita para o ombro direito, depois a esquerda para o ombro esquerdo. Você está experimentando seu corpo. Sentindo como é movê-lo. Explorando o ar à sua volta.

7. Assim como suspendeu os braços, abaixe-os de novo bem devagar. Cruze-os em volta das pernas num abraço.

A verdade é que a autocura é caótica. Certamente haverá minutos, dias, semanas ou até meses em que você terá a sensação de alegria e harmonia, e seu progresso será óbvio. Mas, grande parte do tempo, se curar provoca uma sensação esquisita. Às vezes dói. Muito. Porque tem de doer. Tenha paciência com suas feridas emocionais.

8. Então, com a mesma curiosidade, até deslumbramento, como se nunca tivesse aberto os olhos e visto o mundo antes, abra os olhos. Veja o espaço ao seu redor como se fosse uma paisagem desconhecida. Nova. E essa novidade é maravilhosa. Você se deslumbra com tudo.

Você pode seguir esses passos uma vez só ou repeti-los três ou quatro vezes para prolongar e aprofundar os efeitos internos.

• • • • • • • • • •

Não vou dizer o que você deve sentir com esse exercício porque todos sentimos coisas diferentes. Mas sendo ou não óbvio para você, o impacto dessa prática faz com que quase imediatamente você comece a:

- Mover e soltar energia. Ao se mover como se fosse a primeira vez, você desemperra e desbloqueia o corpo. Você se move sem as inibições que desenvolveu na vida até o momento e passa a explorar e se expandir com sensibilidade e curiosidade puras.

- Liberar a tensão. Você imagina que seu corpo é novo no mundo. Por isso, não tem tensão acumulada e os sinais viajam do cérebro para cada célula do ser, inspirando liberação e relaxamento completos.

- Criar espaço físico. Você considera seu corpo de um jeito novo. Enquanto dura o exercício, você o reformata, ele se torna uma tábua rasa. E esse espaço físico novo continuará a se expandir enquanto você navegar neste livro, pronto para ser preenchido com as novas experiências e ideias que vão chegar.

Faça esse exercício regularmente. Torne-o parte da sua rotina diária ou semanal e, cada vez que praticar, permita-se fazê-lo com curiosidade. Há sempre mais a descobrir.

CAPÍTULO 3

Qual é a sua vibração?

Trabalhar com o corpo etéreo vai mudar sua vibração e criar amor e confiança.

Ponha a mão sobre o coração.

Respire fundo.

Como se sente?

Do que você precisa hoje?

Em que está pensando?

E numa escala que vai do "ai, estou me sentindo péssimo e quero me enfiar num buraco" até "eu me sinto vivo e animado com o potencial do meu futuro", como flui sua energia?

Sua vibração é importante. É a energia que corre através de você e que você irradia no mundo. Por extensão, é a mesma energia que você recebe. O que você dá se equipara mais ou menos ao que recebe, por isso se familiarizar com a sua vibração é uma parte importante do trabalho de cura.

Se você está sofrendo, é mais provável que atraia gente que está sofrendo. Se não acredita que tem valor, os outros vão tratá-lo como se não merecesse amor e respeito verdadeiros. Se sua vibração está baixa, pesada, sombria, será difícil atrair pessoas e experiências com vibrações mais altas, mais leves e mais claras.

No meu primeiro livro, *Boas vibrações, vida boa*, escrevi muito sobre vibrações. No centro de tudo está a ideia de que o amor-próprio é a chave para vibrar mais alto e, assim, mudar sua vida para melhor. Se quiser saber mais sobre como manifestar esse amor e administrar sua vibração, humildemente recomendo a leitura do livro. É cheio de exercícios práticos que cultivam o amor-próprio, como meditar, comer bem, beber água, mudar sua linguagem corporal, viver o momento presente e mais.

As práticas de autocuidado são essenciais para a cura, e vou escrever outras coisas sobre a criação de uma rotina de autocuidado mais à frente neste livro. Mas é importante, neste estágio, que você se envolva naquilo que gosta e que dá sensação de apoio. Mesmo que sejam coisas simples, como ouvir música, fazer caminhadas na natureza, conversar com um amigo de confiança, praticar ioga ou tomar banho.

Só que neste capítulo quero me concentrar especificamente em como a sua vibração afeta seus relacionamentos e de que forma a vibração das pessoas em volta de você pode impactar sua capacidade de cura.

Sua vibração é importante. É a energia que corre através de você e que você irradia no mundo. Por extensão, é a mesma energia que você recebe.

As técnicas corporais que trabalhamos no capítulo anterior já criaram espaço e tempo para você começar a notar como está sua vibração, e é relativamente simples descobrir se sua vibração é alta, baixa ou média. Se estiver elevada e sintonizada com a poderosa energia positiva que percorre o universo, você se sente bem. Seguro. Para os outros, parece que você brilha e que sucesso e luz chegam com facilidade a você. Você acorda de manhã e se sente vivo com o que o dia pela frente tem a oferecer.

Criatividade flui, boas ideias surgem sem muito esforço e você manifesta as coisas que mais deseja na vida. Em geral, as coisas vão bem. E quando não vão, você sente a força da resiliência e a confiança de que tudo está acontecendo como devia e que logo estará em uma posição melhor, mais feliz e mais forte.

No entanto, vibrar em nível mais alto é mais difícil quando você tem muita bagagem para lidar. Não significa que não vai acontecer, só que exigirá mais esforço. Esse esforço vale muito a pena porque, quando você eleva sua vibração durante o trabalho de cura interior, fica muito mais fácil aceitar traumas, superar sofrimento e enfrentar desafios com certa estabilidade, porque você sabe que isso vai passar. Você sabe, bem lá no fundo, que merece se sentir melhor.

Então, como saber se precisa elevar sua vibração? Veja como se sente ao acordar de manhã e comece por aí. Se tiver dificuldade de ver a luz no fim do túnel, se está sem ânimo, lento, cansado, sua vibração deve estar sofrendo. Você está sentindo o peso e o negativismo que há em volta e, ao fazer isso, atrai mais peso e negativismo para a sua vida.

Espere aí! Eu prometi que não ia pedir para você deixar de lado sua descrença enquanto lia este livro, e aqui estou falando de sentir a energia do universo. Entendo você. Mas, observando a partir de uma perspectiva esotérica ou mais fundamentada na ciência, sabemos que o universo é feito de energia. A física quântica mostra isso. Somos feitos de energia. A Terra e as estrelas são feitas de energia, e fazemos parte disso.

Quando nascemos, recebemos esse recipiente, esse corpo que podemos usar, modificar e com o qual podemos expressar nossa energia. Por isso, quando se trata de conhecer a sua vibração e descobrir como está a sua energia, você não precisa ser um tipo superespiritualizado bebedor de suco verde (mas se me perguntar, direi que há sucos verdes muito bons... experimente). Em vez disso, pense que é como uma nova linguagem, a linguagem que faz com que você entenda como vive no mundo e como pode mudar sua energia para uma vida mais alegre e gratificante.

Assumir o controle da sua cura interior é um dos maiores atos de amor-próprio. Ao se comprometer com esse processo, você já está elevando a sua vibração e criando espaço para receber mais experiências felizes.

A importância dos relacionamentos positivos

Vamos falar de relacionamentos porque são parte integral da nossa cura interior. Se os seus relacionamentos são positivos e apoiam você, a cura será mais rápida, profunda e duradoura. Mas se está cercado de pessoas que empurram você para baixo, será muito, muito mais difícil se levantar.

De uma forma ou de outra, quase todos os traumas que carregamos estão associados a uma pessoa ou várias. Não que o trauma seja sempre alguma coisa que fizeram conosco ou provocado pelos outros — apesar disso ser muito comum —, mas as pessoas com quem estamos durante ou depois de um acontecimento traumático têm um efeito tremendo quando tratamos nosso sofrimento emocional. Os relacionamentos que temos em qualquer momento específico podem provocar uma dessas três coisas:

1. Infligir mais danos ou criar um poço de culpa e desespero que nos convence de que ficaremos presos a isso para sempre.

2. Criar uma sensação de vazio, solidão ou desânimo — é quando o relacionamento não prejudica, mas também não ajuda.

3. Botá-lo para cima e dar a segurança e a motivação para enfrentar seu trauma, relembrando-o com a sensação de que você está protegido e tem apoio.

E isso tem muito a ver com a vibração, assim como com as suas ações. Se sua vibração se desentende com a vibração das pessoas mais próximas quando você está passando por um momento difícil, ou quando está se esforçando para se curar, você sente esse conflito vibracional em tudo que tenta fazer.

Que tipo de pessoas te cercam agora? Que tipo de energia elas emitem? Com quem costumava se relacionar e de que forma essas pessoas afetavam você? E mais importante: quem estava próximo quando você passou por um acontecimento muito traumático na sua vida?

Vou contar a história de Malika (não é seu nome verdadeiro). Ela aceitou tornar sua jornada pública neste livro, com a garantia de que sua identidade fosse preservada, por isso tive cuidado ao descrever detalhes específicos da experiência dela.

Malika teve uma infância normal e foi uma adolescente normal com uma família normal. Eles a apoiavam, ela disse, mas não particularmente no caso de trauma e recuperação.

Qual é a sua vibração?

Como muitas famílias, a dela resistia a aceitar que qualquer coisa ruim pudesse acontecer com eles e varria problemas para baixo do tapete em vez de encarar temores mais profundos. Mas isso tudo não era um grande problema na vida de Malika. Não havia nada tão sério para que ela precisasse de ajuda... até completar 15 anos.

Logo depois do seu aniversário, Malika foi brutalmente estuprada por um desconhecido. Tinha ido a uma festa e voltava para casa sozinha. Os pais e irmãos tinham ido passar o fim de semana fora. Alguém a seguiu e a estuprou. Esse estupro mudou para sempre a sua visão de mundo, assim como a que tinha de outros seres humanos.

Depois do estupro, Malika não se mexeu por um dia e meio. Ficou deitada imóvel no tapete da sala, coberta com uma manta do sofá. Ela disse que pode ter cochilado algumas vezes nesses dias, mas a maior parte do tempo tinha consciência de estar bem desperta, sofrendo e completamente apavorada.

Ela não fez nada porque não sabia se havia alguma coisa a ser feita. Estava em choque e seus pensamentos não seguiam nenhuma lógica. — Eu personificava o medo — disse ela. — Eu era isso. Era apenas medo.

*Assumir o controle da sua cura interior
é um dos maiores atos de amor-próprio.
Ao se comprometer com esse processo,
você já está elevando a sua vibração
e criando espaço para receber mais
experiências felizes.*

Qual é a sua vibração?

Quando os pais de Malika chegaram em casa, foi assim que a encontraram: no chão, acordada e com dor. Ela não lembra quase nada das semanas seguintes, mas sabe que naquele momento os pais a levaram para o banheiro, deram-lhe um banho e perguntaram o que tinha acontecido. Ela contou, eles a puseram na cama e a deixaram lá.

— Nunca mencionaram a polícia. Eu não teria pensado nisso e não sei por que meus pais também não pensaram. Foi simplesmente uma coisa que ninguém considerou. Talvez eles temessem ser julgados se a história se espalhasse. Talvez não soubessem como enfrentar o problema — disse ela.

Quando o choque inicial começou a passar e os ferimentos físicos começaram a cicatrizar, Malika iniciou o longo e difícil processo de cura emocional desse acontecimento altamente traumático. Ela não contou para ninguém e seus pais também não. E também não conversaram sobre isso, pelo menos não explicitamente.

— Na tentativa de me apoiar, meus pais perguntavam como eu estava e diziam que era hora de eu sair, de aprender que nem todas as pessoas são más, que eu precisava entender que o mundo não era o lugar perigoso que eu achava que fosse — lembrou Malika.

— E eu simplesmente não falava nada. Estava profundamente deprimida e assustada com tudo. Eles eram meu único apoio e sei que estavam tentando, do jeito deles. Mas não era esse o apoio de que eu precisava. Eu não deveria ouvir que tinha de seguir em frente e realmente não precisava deles fingindo que nada tinha acontecido. Não que eu *soubesse* do que precisava. Só que... eu estava sofrendo muito e sentia vergonha. Claro que meus pais ficaram extremamente preocupados quando me distanciei do mundo e me fechei. Eles nunca souberam como enfrentar uma situação tão devastadora como aquela.

Malika passou a década seguinte numa montanha-russa emocional. Quando finalmente recomeçou a sair, foi com as pessoas erradas. Usou drogas, álcool e maus relacionamentos para amortecer a dor enquanto a família se frustrava cada vez mais de ela não ser a filha que achavam que seria. Em nenhum momento seus pais foram capazes de ver que o comportamento e as dificuldades de Malika estavam ligados ao estupro. Achavam que tinham dado tudo que ela precisava na vida e que ela desperdiçava as oportunidades.

Sem saber, os pais de Malika a prejudicaram ainda mais. Não estou jogando a culpa em ninguém, mas essa história é uma forma potente de ilustrar como a falta de apoio empático apropriado pode ser prejudicial. Se as pessoas que apoiavam Malika soubessem como ajudá-la a encarar o trauma, a aceitar as emoções que ela sentia diante dele e dar apoio com paciência, sem pressioná-la... Bem, a jornada para a cura teria sido bem diferente. Não existe dúvida quanto a isso.

Por sorte ela encontrou pessoas que fizeram isso. Aos 26 anos, ela finalmente concluiu, e completamente sozinha, que precisava de ajuda profissional. Começou a fazer terapia. E então, quando sentiu que tinha força suficiente, embarcou em um processo mental orientado para criar hábitos novos e mais positivos na vida. E uma das coisas importantes que todo esse trabalho a habilitou a fazer foi cercar-se de gente nova, ter na vida pessoas cujas vibrações combinavam com a pessoa que ela queria ser, com a segurança que ela queria ter e a força que já tinha. A essência do seu ser estava soterrada pelo trauma que tinha vivenciado e aguardava ser resgatada.

Quando algo traumático acontece com você, ou próximo a você, não há como voltar ao que era antes. Você não pode fingir que, por ser quem você é, ou pela infância que teve, ou pelos pais que teve, ou pelo dinheiro que tem, ou seja lá o que for, esse tipo de coisa não acontece com pessoas como você e por isso não pode ter acontecido de verdade. Isso seria apenas a força poderosa da negação.

É assim com todo tipo de trauma, não só incidentes dramáticos e apavorantes como os mais sutis também. Muitas vezes converso com pessoas que dizem: "Sinto que meus pais preferiam meu irmão a mim. Mas isso não pode ser verdade porque eles não são assim, não fariam isso, então deve ser minha culpa sentir isso." Ou, "Lembro de sentir muito medo do meu tio e de me assustar quando vejo o rosto dele, mesmo adulto. Ele me batia... Mas é uma boa pessoa, então devia ter bons motivos para isso. Ou talvez eu tenha inventado tudo".

As coisas que aconteceram com você, que provocaram sofrimento, não são sua culpa. Não é sua culpa ter nascido naquelas circunstâncias nem o fato de alguém resolver abusar de você ou de você estar no lugar errado, na hora errada.

O trauma não é culpa sua. Talvez você saiba isso racionalmente, mas, mesmo assim, tem dificuldade de aceitar no seu âmago. É importante substituir esses sentimentos negativos por uma afirmação positiva como esta: eu fiz o melhor que pude e agora estou em segurança. Você não pode mudar seu passado, mas pode *escolher* tornar seu futuro um lugar mais leve. A questão é: a cura é sua responsabilidade.

E uma maneira de fazer isso agora é começar o que Malika acabou fazendo: cercar-se de pessoas que vibram com o belo e positivo poder da energia universal. Permita-se ser elevado em vez de acreditar que você merece ser arrastado para baixo.

Prática #3: Em vez de imaginar o que as pessoas pensam de você, considere o que você pensa delas

Chegou a hora do exercício prático deste capítulo. Diferentemente dos outros que fizemos até aqui, este é para começar a praticar agora, sozinho. Mas depois tem de levá-lo para sua vida e praticá-lo sempre que se encontrar com outra pessoa. Eu sei que parece pedir muito. Mas na verdade este exercício é pequeno. É uma pequena mudança de ponto de vista que provoca uma mudança bem maior quando feita regularmente.

Este exercício se baseia numa técnica que muitas vezes é usada na psicoterapia e na Programação Neurolinguística, e faz com que você comece a vivenciar a vida do seu ponto de vista. Fazendo isso sempre, você vai começar a olhar para o mundo pelo lado de dentro, em vez de ficar sempre tentando se ver a partir do ponto de vista dos outros. E isso, por sua vez, vai aumentar sua confiança e sua autoestima.

*Você não pode mudar seu passado,
mas pode escolher tornar seu futuro
um lugar mais leve. A questão é:
a cura é sua responsabilidade.*

Esta prática cria uma base mais sólida de identidade e valor e a disposição para confiar nos próprios sentimentos e desejos, em vez de primeiro se preocupar com o que as pessoas pensam de você. Isso também funciona no nível da vibração, porque você não tenta se encaixar nos ideais dos outros e começa a considerar de que forma a vibração da outra pessoa afeta a sua (se é que afeta).

Quando você conhece alguém, ou mesmo quando está com alguém que já conhece bem, em que você se concentra? Fica imaginando o que essa pessoa pensa de você? Preocupa-se com a interpretação dela quanto às suas palavras, movimentos e modo de se portar em geral? Você passa horas depois de ser apresentado a alguém agonizando sem saber se essa pessoa teve uma boa impressão?

Você não é o único. Somos animais sociais e precisamos de conexões sociais. Desejamos a sensação de gostarem de nós, de nos desejarem. E, além disso, quando nossos pensamentos sobre nós mesmos foram afetados por algum tipo de trauma, nós nos esforçamos ainda mais para que gostem de nós, para sermos aceitos e para nos moldarmos ao que achamos que os outros querem de nós.

Assim nos sentimos mais seguros porque tiramos a vulnerabilidade dos encontros sociais e dos relacionamentos. Só que isso também nos mantém para baixo. Impede a expressão do nosso verdadeiro *eu* e de nos sentirmos à vontade com quem somos. E acaba por nos impedir de ter relacionamentos gratificantes, profundos e de apoio. Porque estamos sempre escondendo partes de nós e tentando ser o que não somos.

Alguns psicólogos sugerem que pensar sempre no que os outros pensam de nós é também sinal de perfeccionismo pernicioso.[9] Não que seja ruim querer se desenvolver e se tornar uma pessoa melhor, mas essa tentativa de ser uma pessoa melhor apenas pelo ponto de vista de outra pessoa não é boa para nosso próprio eu.

A escritora e especialista em inibição norte-americana Brené Brown escreve que "O esforço saudável autocentrado: como posso melhorar? Perfeccionismo é centrado no outro: o que vão pensar?".[10] Em outras palavras, quando queremos melhorar de forma saudável e positiva fazemos isso por nós. Se você está se esforçando para melhorar do jeito que alguém acha que deve... ou nem isso, de um jeito que você acha que outra pessoa pensa que você deve... você está se tornando menos importante do que essa pessoa.

Passa para você mesmo a mensagem de que você não pode se sentir bem por si só e, como ser humano, você só tem valor se a outra pessoa ou pessoas aprovam o que você está fazendo, o que você diz, sua aparência etc. Você está tentando ser a perfeição de outra pessoa. E sinceramente... isso nunca vai acontecer. As pessoas têm opiniões e expectativas diferentes, e isso está sempre mudando.

Cultivar um forte senso de identidade e conhecer o próprio valor são coisas superimportantes para a cura interior, porque você não consegue ficar nesse caminho se faz isso por outra pessoa. Sem dúvida, os outros vão se beneficiar da sua cura. Ela vai torná-lo mais forte, mais empático

---

[9] Reynolds, J.R. e Baird, C.L. (2010). "Is There a Downside to Shooting for the Stars? Unrealized Educational Expectations and Symptoms of Depression"; https://journals.sagepub.com/doi/abs/10.1177/0003122409357064 (acessado em 4 de abril de 2020).

[10] Brown, Brené. *A coragem de ser imperfeito – Como aceitar a própria vulnerabilidade, vencer a vergonha e ousar ser quem você é*. Rio de Janeiro: Sextante, 2016.

e verdadeiro com você mesmo, e sua vibração poderosa vai se irradiar e enriquecer a vida de todos à sua volta. Mas esse não pode ser o objetivo.

Você não pode se curar apenas para outra pessoa porque assim vai se perder, ou desistir, ou enveredar por algum desvio que o levará a um lugar em que não quer estar. Você precisa ter certeza de que merece se curar. Que está fazendo isso por você. Que toda vez que pega este livro e lê uma página, ou sai de casa de queixo erguido, ou chora mares de lágrimas, o objetivo final é você. É a conexão com você mesmo. É se sentir bem com você mesmo. É acreditar que você merece a melhor vida que pode ter.

Às vezes, é frustrante o fato desse forte sentido de identidade ser tão importante para a cura interior. Eu entendo. Porque os traumas tornam muito difícil termos um forte senso próprio, transforma o "ser" e até o "corpo" em conceitos abstratos. Nos sentimos desligados de quem somos. Talvez você pense assim, "não importa como me sinto por dentro, desde que pareça tudo bem por fora". Talvez você não saiba realmente como é se sentir bem por dentro. Seu sofrimento distorceu sua percepção e fica muito difícil imaginar a vida através de uma lente curada mais positiva.

Mas eu estou aqui para dizer que você é capaz de se sentir bem e de redescobrir um sentido equilibrado de quem você realmente é. Você está trabalhando para isso. Você está se tornando o curandeiro de si mesmo. Não, risque isso. Você *já é* o seu curandeiro. Neste momento, você está só aprendendo a usar as ferramentas que estiveram dentro de você o tempo todo.

Qual é a sua vibração?

De dentro para fora
• • • • • • • • • • • •

Então, a prática... Primeiramente, leia as instruções abaixo duas vezes, depois vamos começar.

1. Feche os olhos. Respire fundo algumas vezes, enchendo os pulmões de oxigênio e depois esvaziando completamente. Então deixe a respiração voltar ao ritmo normal. Relaxe o corpo. Você está aqui, neste momento.

2. Imagine que está conhecendo alguém. Transforme essa pessoa em realidade — visualize cada detalhe dela. Sua fisionomia. As roupas que usa. Se está de pé ou sentada. Imagine que pode ouvir sua voz quando diz oi e começa a falar de si.

3. Agora imagine que está ouvindo esse alguém falar e não está pensando no que ele pensa de você. Não se preocupe com sua expressão facial nem com o movimento das suas mãos. Você não está afastando o cabelo dos olhos nem planejando o que vai dizer quando a pessoa parar de falar. Você está apenas ouvindo. Avaliando.

4. Agora imagine que conta alguma coisa sua para ela. Seja breve. Talvez seu nome e um fato pessoal que você acha que o define de alguma forma. Mas imagine que conta isso sem pensar como a pessoa vai reagir ou o que ela vai pensar de você. Conte alguma coisa sua que você goste, não algo que acha que a pessoa vai gostar, baseado no que ela já contou sobre si mesma.

5. Vocês se despedem. Você se afasta.

6. Agora imagine se perguntar: *você gosta dessa pessoa?* Pense na pergunta. Examine de todos os lados mentalmente. A intenção aqui não é julgar ninguém, e sim ser sincero com você mesmo sobre o que pensa dessa pessoa. Ela passou uma boa vibração? É alguém que você gostaria de conhecer melhor? Alguém que poderia ser seu amigo ou amiga? Você sentiu algum desconforto perto dessa pessoa? Teve a sensação de que é confiável, ou não?

7. Suas respostas devem ser simples. *Sim, gosto dela/dele.* Ou então, *não, não é meu tipo de pessoa,* ou *não tenho certeza, seria bom conhecer melhor para ver.*

8. Agora observe sua respiração outra vez. Ainda respirando num ritmo natural e suave. Traga sua consciência para a respiração e abandone todos os pensamentos sobre sua interação com a pessoa que conheceu. Aconteceu e acabou. Nada mais para pensar.

Abra os olhos devagar. Espreguice se tiver vontade, erga os braços sobre a cabeça e alongue a coluna. Libere o encontro. Deixe-o ir.

O que aconteceu? Na sua imaginação, você conheceu alguém. Conversou um pouco com essa pessoa. Você avaliou se gostou ou não dela. E então seguiu seu dia.

• • • • • • • • • •

O que não aconteceu? Você não ficou imaginando o que essa pessoa achou de você. Não se preocupou se ela gostou ou não de você. Não tentou se ver a partir do ponto de vista dela. Apenas a viu de acordo com o seu ponto de vista. Avaliou.

Você vivenciou o encontro a partir de si mesmo, não tentou se transformar em alguém fora do corpo, leitor de mentes que vê tudo, flutuando em algum ponto do céu e se vendo lá de cima para avaliar seu desempenho. Você foi apenas você conhecendo alguém e pensando, *sim, gosto dela ou dele*, ou *não, não gosto muito*.

Crie ligações autênticas e vibrantes

O próximo passo é fazer isso na vida real. Interagindo com gente de verdade. Não se trata de julgar os outros nem de se tornar alguém que fala mal dos outros. Suas impressões podem ser positivas e, de qualquer forma, a intenção aqui não é compartilhar seus pensamentos sobre essa pessoa com mais ninguém. Em vez disso, você está praticando usar sua intuição para sentir a vibração de alguém e evitar qualquer tendência que você possa ter de se preocupar com o que essa pessoa pensa de você se concentrando na *sua* experiência da interação, e não na dela.

Não será fácil fazer isso de primeira. Você ainda vai se preocupar com o que os outros pensam de você, e provavelmente muito. Mas não se preocupe com isso. Não se amofine de jeito nenhum quanto a isso. Você vive um processo, uma jornada de cura. Não é rápido, levará tempo.

Se você está se esforçando para melhorar do jeito que alguém acha que deve... ou nem isso, de um jeito que você acha que outra pessoa pensa que você deve... você está se tornando menos importante do que essa pessoa.

Qual é a sua vibração?

Mas experimente. Sempre que lembrar, pare um pouco para puxar aquele assessor extracorpóreo de volta para a Terra, ponha-se dentro de si e pense no que você acha da outra pessoa, em vez do que ela acha de você. É uma mudança importante, eu garanto. E quanto mais fizer isso, mais natural fica, até que um dia você começa a fazer assim, sem pensar. Isso se torna normal para você, conhecer os outros como você, no seu corpo, com a segurança para resolver se a energia da outra pessoa ressoa ou não com a sua.

Além de ampliar seu senso de eu, essa prática é uma abertura para relacionamentos mais positivos. Você passa a se concentrar mais em alimentar os relacionamentos nos quais se sente bem — os com pessoas que vibram em nível parecido com o seu ou em um nível que eleve o seu.

Gostaria de deixar claro que isso não significa rejeitar pessoas que estão se esforçando, ou que contam com você, ou que precisam da sua ajuda. Às vezes nosso propósito é oferecer apoio e amor incondicional para outros, independentemente da situação ou vibração atual deles. Mas isso aqui diz respeito também a se permitir dar energia às pessoas e aos relacionamentos na mesma medida que dão para você.

Também é não sentir a pressão de se relacionar com qualquer um que pareça gostar de você *só porque* ele ou ela gosta de você. Em especial, isso se aplica a conhecer pessoas novas, principalmente se você sempre investe muita energia em um relacionamento apenas por ter necessidade da aprovação de alguém. Quando você começa a se guiar pela intuição e descobre que não precisa da validação das pessoas pelas quais não sente empatia, vai passar a se cercar de pessoas que realmente quer por perto.

E isso abrirá o leque de oportunidades para encontrar amor verdadeiro, conexões autênticas e confiança inabalável. Que ajudarão todos os dias no seu caminho para a cura interior. Porque amor e confiança não são negociáveis. Precisamos deles. Não podemos melhorar sozinhos, nem escondidos o resto da vida.

Sim, precisamos trabalhar sozinhos pela nossa cura. Mas também temos de ser capazes de nos expressar livremente, de chorar na frente de alguém, de expor nosso coração partido e de saber que teremos espaço para consertá-lo. Nenhum de nós, nenhuma pessoa, nasce com a capacidade de viver sozinho e ser saudável e feliz.

Maus relacionamentos podem nos machucar, mas e os bons? Eles geram infinitas possibilidades. São essenciais. E você merece tê-los.

CAPÍTULO 4

Volte no tempo

O corpo astral se desenvolve na
infância, mas isso não é definitivo.
Agora é hora de construir
um novo relacionamento
com as suas emoções.

O que você vivenciou na infância?

O que aconteceu na sua vida que você não pode entender, não por não ser inteligente o bastante, ou bom o bastante, e sim por ser jovem demais?

As experiências que temos quando criança podem literalmente modificar a estrutura do nosso cérebro. Isso pode ser uma coisa muito boa, com conexões positivas o tempo todo. Mas quando temos uma experiência ruim antes do nosso cérebro se desenvolver o bastante para compreender e processar isso de forma saudável, as estruturas e conexões que se formam vão nos afetar até a idade adulta. A consequência é que o trauma que você sofreu na infância pode comandar seu modo de interagir com as experiências e emoções deste momento.

Um estudo interessante publicado em 2019 no *Journal of Affective Disorders* descobriu que traumas de infância podem até afetar a maneira que adultos tomam decisões morais. Os pesquisadores viram especificamente que ser negligenciado quando criança pode comprometer o processo de tomada de decisão no campo moral do adulto e que os participantes do sexo masculino do estudo que sofreram traumas na infância tendiam mais do que os do sexo feminino a considerar aceitável provocar danos com a força física.[11] É claro que nem todas as pessoas negligenciadas na infância machucam outras na idade adulta. Mas a probabilidade aumenta.

Apesar do nosso ser na infância ter sofrido um impacto intenso de experiências traumáticas que levam a distorções cognitivas que persistem até a idade adulta, podemos nos livrar pela cura, e as práticas neste livro podem ser a chave desse processo.

Pense da seguinte maneira: uma criança, vamos chamá-la de Brian, está sofrendo depois da morte de uma pessoa importante na vida dela. O pai de Brian diz para o filho que chorar é para os fracos, que é hora de ele começar a agir como homem, senão ninguém vai amá-lo e respeitá-lo. E sai de perto do menino.

---

[11] Larsen, E.M., et al. (2019). "Effects of childhood trauma on adult moral decision-making; clinical correlates and insights from bipolar disorder"; www.ncbi.nlm.nih.gov/pmc/articles/PMC6287939/ (acessado em 15 de março de 2020).

O trauma que você sofreu na infância pode comandar seu modo de interagir com as experiências e emoções deste momento.

Brian recebe várias mensagens importantes diferentes dessa fala do pai. Ele aprende que é fraco se chorar, que não pode ser um "homem" se chorar e que não merece amor e respeito se demonstrar "fraqueza" e não corresponder à ideia do pai do que um homem deve ser.

Brian cresce e começa a construir vida própria. As mensagens que recebeu do pai se instalam em seu subconsciente como crenças firmes, e ele procura viver de acordo com elas. Conhece uma mulher, se apaixona e começa um relacionamento sério com ela. Então o pai de Brian morre de repente.

Brian não aguenta. Ele chora na frente da companheira que o abraça enquanto ele derrama lágrimas sentidas. Quando ele se acalma um pouco, recua e olha para ela. As crenças profundas da infância, de que ele é fraco, não merece nada e não é um "homem" se chorar berram na sua cabeça e ele vê nos olhos dela desdém, desgosto e rejeição. Ele sente que a companheira não o ama mais porque ele baixou a guarda, e ela não pode mais vê-lo como um homem de verdade.

E ainda mais deprimido com aquele novo sofrimento causado pela morte do próprio homem que gerou suas crenças limitantes, Brian desaba. Não consegue mais olhar nos olhos da companheira e sente que não tem opção além de se distanciar dela, e termina o relacionamento pouco tempo depois.

Mas e a realidade? Não havia desdém nos olhos dela, só amor, preocupação e empatia. Só que Brian não podia entender o que estava na sua frente porque só conseguia enxergar as crenças que foram dolorosamente gravadas em sua mente. Se tivesse trabalhado para reconhecer e se libertar dessas crenças, ele teria sido capaz de aceitar o apoio da mulher e de vivenciar sua dor com uma companheira carinhosa ao lado. Mas ele nunca fez isso, nunca soube como nem que precisava. Ele acreditava piamente nas mentiras que seu trauma de infância dizia, por isso sentiu e agiu de acordo com aquelas mentiras, mesmo adulto.

Quem fala? Intuição ou trauma?

Para entender por que Brian, ou qualquer outra pessoa, pode sentir emoção ou agir com base em crenças limitantes da infância, vamos conversar sobre uma coisa que costumo trabalhar com meus clientes. Já falei sobre isso nas mídias sociais inúmeras vezes, e se você está comigo há algum tempo, pode estar familiarizado com essa ideia. Podemos começar com uma pergunta: quem está no comando, sua intuição ou seu trauma?

O trauma nos diz para evitar sentir aquela dor outra vez, a qualquer custo. E quando o trauma assume o comando do seu estado emocional e dos processos de tomada de decisão, ele bloqueia sua intuição natural. Trauma alimenta o aspecto medroso e ferido do ego e nos leva a tomar decisões baseadas nessa dor. Em contraste, quando a intuição guia nossas decisões e comunicações, agimos de um lugar de amor e firmeza.

Todos nós temos intuição. Sim, inclusive você. De um ponto de vista psicológico, a intuição é uma habilidade inata de reunir fragmentos de informação e impressões emocionais para formar uma "sensação" sobre alguma coisa ou alguém. O grande físico Albert Einstein disse: "Acredito em intuições e inspirações... às vezes sinto que estou certo. Não sei se estou."

Psicólogos reconhecem a intuição como um processo de pensamento não analítico[12] que, em geral, ocorre sem que saibamos e forma parte do

---

[12] Zander, T., et al. (2016). "Intuition and Insight: Two Processes That Build on Each Other or Fundamentally Differ?"; www.frontiersin.org/articles/10.3389/fpsyg.2016.01395/full (acessado em 10 de janeiro de 2020).

processo total de julgar. Se você já teve um "palpite" ou se sentiu alguma coisa sem poder explicar por quê, isso é a sua intuição.

Outros pontos de vista sobre intuição partem de ideias sobre o eu superior ou o verdadeiro eu (falaremos mais sobre isso adiante). Há uma sensação de saber que vem de um ponto além da mente racional. É mais profundo. Algumas pessoas sentem que sua intuição vem de experiências de vidas anteriores, enquanto outras consideram um conhecimento que não pode ser medido pela ciência. Uma segurança interior de que alguma coisa muito profunda dentro delas simplesmente sabe o que precisa, quer ou é.

Embora não percebamos, quando nossa intuição está juntando informações e apresentando uma resposta intuitiva para um problema ou uma escolha, a intuição *pode* ficar embaçada. Porque quando somos pegos em um estado de medo ou trauma, às vezes confundimos as mensagens que o trauma envia com algum tipo de sabedoria. Achamos que as mensagens baseadas no medo são a nossa intuição e, na verdade, são criadas por condicionamentos nada saudáveis que se fantasiam como nossa verdade mais profunda.

Então, um jeito útil de começar a se conscientizar dos traumas da infância e das crenças limitantes que foram criadas para você, e que ainda afetam sua vida e como você se sente hoje, é aprender a diferenciar as emoções, decisões e crenças baseadas na intuição e aquelas baseadas em traumas.

Ótimo, mas como se faz isso, exatamente? Quando você tiver de encarar uma decisão, um relacionamento, um estado emocional ou qualquer outra coisa que gere uma reação forte, pare e descubra se sua reação a isso está sendo guiada pela intuição ou pelo trauma.

Reações baseadas na intuição

Uma escolha, um sentimento ou uma reação guiados pela intuição geralmente vêm com essas qualidades:

- A sensação calma de saber.

- Um sentimento de liberdade, liberação.

- Uma voz direta, sem melodrama.

- Nenhuma necessidade premente de se justificar com lógica.

- Coração mais leve e a sensação de que sua mente foi iluminada.

- Consciência e firmeza. Você sente que está aqui, no momento presente.

- Um tom protetor, que guia e apoia.

- Uma visão mais clara do resultado ou do futuro.

- A disposição de se render ao desconhecido.

Reações baseadas em trauma

Em contraste, escolha, sentimento ou reação guiados por trauma e medo serão assim:

- Suposição ou julgamento ansioso e temeroso.

- A sensação de estar sendo limitado ou preso.

- Uma voz dramática, até frenética.

- Uma necessidade intensa de provar a lógica e a racionalidade por trás da sua reação.

- A sensação de que seu coração está apertado e sua mente, sombria e pesada.

- Concentração no passado — e talvez usando o passado para justificar sua reação.

- Um tom restritivo e carente.

- Sentimentos de estar perdido e confuso.

- Resistência ao desconhecido, a sensação de que você precisa estar no controle.

Quando você começa a reconhecer aqueles momentos em que está sendo guiado por trauma e medo, você está um passo, ou alguns passos, mais próximo de se libertar das suas crenças limitantes. Você passa a aceitar que aquilo que o seu eu infantil pensava do mundo não era necessariamente baseado na verdade. E isso é realmente libertador.

Se Brian tivesse feito esse trabalho, talvez pudesse notar seu trauma ao falar da ocasião em que se envergonhou e sentiu que não tinha valor por chorar na frente da companheira. E essa mera observação poderia ter mudado todo o futuro dele.

O que poderia mudar no seu futuro se você fosse sempre guiado por calma intuição no presente momento, em vez de trauma e medo?

Qualquer tipo de trauma pode ter um impacto em nós, mas na infância o trauma é, sem dúvida, mais profundo, e é mais difícil nos livrarmos dele.[13] Depois que meu primeiro livro foi publicado, conversei com inúmeros leitores sobre a dificuldade que tinham de começar a gostar deles mesmos. Descobri que, para a maioria das pessoas, o mais difícil era deixar o passado para trás.

Traumas na primeira infância criaram instabilidade emocional em você numa época em que você ainda estava amadurecendo. Estava se desenvolvendo, crescendo e seu desenvolvimento absorvia dor e medo e embrulhava bem esse trauma. Pode ter criado um vazio que você está sempre querendo preencher ou fabricado um monstro intangível do qual você está sempre fugindo.

---

[13] Heim, C., Binder, E. (2012). "Current Research Trends in Early Life Stress and Depression: Review of Human Studies on Sensitive Periods, Gene-Environment Interactions, and Epigenetics"; https://pubmed.ncbi.nlm.nih.gov/22101006 (acessado em 26 de fevereiro de 2020).

Trauma alimenta o aspecto medroso e ferido do ego e nos leva a tomar decisões baseadas nessa dor. Em contraste, quando a intuição guia nossas decisões e comunicações, agimos de um lugar de amor e firmeza.

Portanto, por mais difícil que possa ser (e juro que estou com você, porque tem sido um enorme desafio para mim também), não podemos ignorar os traumas da infância quando estamos trabalhando nossa cura interior. Se fizéssemos isso, jamais chegaríamos lá. Podemos remendar as feridas emocionais que sofremos mais recentemente e sentir que, pelo menos por um tempo, está tudo sob controle e que estamos mais fortes e mais calmos. Mas os conflitos da infância *sempre* voltam, mesmo se foram sutis e mesmo se não os identificamos como "trauma da infância". Porque não importa quem você é e onde você esteve, você certamente tem crenças que limitam, adquiridas quando era muito jovem.

Experiências negativas na infância existem em um espectro que vai de formas mais leves de maus tratos até abuso crônico e severo. Mas a questão principal é que a cura é possível e a nossa visão de mundo pode mudar radicalmente para melhor. A vida de ninguém é perfeita. E tudo bem. É a aceitação de que todos somos humanos, de que ninguém passa pelos primeiros anos da vida intocado pela dor, insegurança ou medo dos adultos em volta.

Mas a boa notícia é que é possível se libertar daquelas velhas crenças e abrir caminho para novas. Isso exige trabalho e não é fácil, mas você já sabe disso a essa altura. E o mais importante, você sabe que valerá o esforço.

Prática #4: A lista da história pessoal

Esse é provavelmente o exercício mais difícil que vou pedir para você fazer. Mas você está pronto para ele, porque ao trabalhar os capítulos anteriores já começou a reconhecer como e onde guarda o sofrimento profundo.

Você criou movimento em suas lembranças, na sua história e nos padrões que armazena em seu corpo. Portanto, já começou a abrir espaço que logo poderá ser preenchido com experiências e crenças mais positivas, e esse exercício aumentará esse espaço infinitamente. E você aprendeu a ver de dentro para fora e a prestar atenção no que pensa e sente, em vez de tentar adivinhar o que os outros pensam e sentem sobre você. Dessa forma você já fez o trabalho de base para esta prática ser suave e com amor por você mesmo e com uma nova consciência de que sua maneira de interpretar experiências e situações no passado pode não ter sido verdadeira.

Você está preparado para enfrentar suas lembranças, as simples e as mais desafiadoras, e vê-las a partir de um novo ponto de vista. Por isso, é hora de escrever sua lista. Essa é uma lista de lembranças do passado, a começar na primeira infância, aquelas que ficaram com você e que contêm alguma conexão emocional forte. Não se preocupe, não precisa fazer a lista em ordem cronológica — a memória de muita gente não funciona assim —, apenas escreva à medida que forem surgindo.

As lembranças que você busca neste exercício são as que realmente te marcaram. O comentário de seu pai ou sua mãe que o envergonhou; um erro que você cometeu e pelo qual você se mortificou; a forma de um professor tratar você, formando ideias sobre sua inteligência ou valor; as coisas que você fez com um namorado ou namorada na adolescência; a maneira como você tratou outra pessoa pela qual nunca se perdoou; rejeições; mentiras que contou ou nas quais acreditou; constrangimentos; coisas sobre você que prefere que ninguém saiba.

Procure traumas que possa identificar facilmente como traumas, assim como aquelas experiências que pareceram traumáticas de alguma forma,

Volte no tempo

mesmo que não possa identificá-las como tal. Escreva qualquer coisa e tudo que surgir, tudo mesmo.

Não precisa completar este exercício de uma vez só. Pode levar tempo, então dê tempo a ele. Você pode voltar à lista no curso de dias, ou uma semana. Procure não fazer um intervalo de mais de 20 horas entre as vezes que você se dedica à lista, porque é importante mantê-la em movimento. Certifique-se de que os intervalos são curtos e que seu cérebro continua pensando nisso. E quando achar que chegou ao fim da lista, trace uma linha embaixo. Não continue acrescentando mais e mais lembranças depois dessa linha. Deixe estar.

Saiba que este exercício pode doer. Isso é completamente normal. Não há nada de errado com você, não importa o que você escreve na lista. É também normal sentir vergonha, medo e constrangimento enquanto realiza este exercício. Como eu disse, não tenha pressa e pare sempre que precisar.

Se você está fazendo terapia e sente emoções particularmente intensas ao responder este exercício, procure seu terapeuta. Converse sobre isso. Peça ajuda. Ou procure um amigo de confiança. Não precisa compartilhar detalhes, às vezes basta dizer "estou trabalhando neste exercício de cura muito intenso e fiquei abalado, vamos dar uma volta?" para pôr os pés no chão e voltar ao momento presente.

Faça sua lista
●●●●●●●●●

Tente lembrar, enquanto trabalha neste exercício, que existe um objetivo real para isso. Vai levá-lo a algo belo e positivo — a oportunidade, nas páginas seguintes, de extravasar a dor que sente e reescrever suas crenças do jeito que você quer.

1. Dê um título para a sua lista. Isso a torna real e faz com que você complete o exercício com mais afinco. O título é você que escolhe e não precisa ser complicado. Um simples "lista de lembranças" já funciona.

2. Escreva a sua lista. Comece na infância, mas lembre-se de que não tem de se preocupar com a ordem cronológica. Apenas escreva as lembranças à medida que forem surgindo. Não precisa escrever muitos detalhes sobre cada uma, apenas o bastante para você saber qual é essa lembrança. E numere a sua lista para poder destacar os números das mais significativas mais tarde, se precisar.

3. Avalie essas lembranças em uma escala de 1 a 10, 1 sendo neutra e 10 indicando as emoções mais intensas. Se avaliar algumas lembranças acima de 6 ou 7, recomendo muito que procure um profissional de saúde mental com especialização e experiência em tratar traumas e trabalhe com ele.

4. Faça intervalos quando precisar. Volte para a lista. Vá até o fim.

5. Quando terminar, trace uma linha embaixo. Respire profunda e lentamente três vezes pelo nariz e deixe o ar sair pela boca. Deixando fluir. Sinta os pés firmes no chão e imagine que fora de você há um container forte e seguro que só você pode abrir ou fechar. Agora imagine que você abre a tampa desse container, põe dentro dele cada lembrança na qual trabalhou hoje e fecha a tampa de modo que ela seja curada.

Você fez a parte mais difícil. Se quiser saber mais sobre como administrar emoções dolorosas, sugiro que procure um terapeuta treinado em um tratamento chamado Terapia dialética do comportamento — Dialetical Behavior Therapy (DBT).[14]

Algumas palavras sobre limites

Muitas pessoas que não resolveram seus traumas de infância têm algo em comum: é difícil estabelecerem limites pessoais. (O limite é uma fronteira que ajuda as pessoas à sua volta a compreender como você quer ser tratado e o que é, e não é, aceitável para você.)

Esse problema pode se manifestar de muitas maneiras, mas especificamente no modo como administramos nossos relacionamentos. Sinceramente, limites são difíceis para a maioria de nós. Ninguém gosta de decepcionar outras pessoas e alguém que é bom em estabelecer limites no trabalho pode não ser tão bom na hora de mantê-los na vida pessoal.

É importante entender que estabelecer limites não é uma forma de se livrar das pessoas, e sim de mantê-las na sua vida sem destruir sua paz interior. Curar não significa rejeitar as pessoas na sua vida, mas envolve desenvolver relacionamentos mais saudáveis, funcionais e menos atritantes com algumas dessas pessoas. Infelizmente as crenças limitantes sobre quem somos e o que merecemos tornam ainda mais difícil ter clareza sobre o que é e o que não é aceitável para nós.

---

[14] "Dialetical Behavior Therapy", Psychology Today; www.psychologytoday.com/us/therapy-types/dialetical-behavior-therapy (acessado em 8 de janeiro de 2021).

Minha amiga Sheena trabalha com terapia de relacionamentos e uma vez teve uma cliente que lutava com um daqueles clássicos "relacionamentos difíceis": com a sogra. A cliente, vamos chamá-la de Paige, queria que a sogra se sentisse bem-vinda na casa dela, e as duas se davam bem. Estava tudo ótimo até Paige e o marido terem uma filha. De repente, Paige se sentiu muito pressionada para deixar a sogra ver a bebê sempre que quisesse.

Nos primeiros dias, quando Paige se recuperava do parto e tentava pegar o jeito de ser uma mãe novata, a sogra aparecia na casa sem avisar, pegava a bebê e ficava com ela no colo horas a fio. Paige sentia raiva, queria tempo para se ajustar com a filha, mas a sogra se achava no direito de ter aquele tempo. Paige não dizia nada. Ela fazia café, amamentava a bebê e depois deixava que a sogra a tirasse dos seus braços de novo.

É importante entender que estabelecer limites não é uma forma de se livrar das pessoas, e sim de mantê-las na sua vida sem destruir sua paz interior.

Pulando para alguns anos depois, quando Paige e o marido resolveram mudar para outra cidade. Os dois tiveram boas propostas de trabalho e estavam animados com uma nova vida só deles. Não era muito longe das famílias, mas o bastante para terem mais espaço. Paige achou que as visitas inesperadas da sogra iam ter de parar, porque ela não ia querer dirigir 100 km e não encontrar ninguém em casa. Eles não estavam fugindo, mas para Paige a distância era um benefício extra. Estava ansiosa para aproveitar sua liberdade.

Então a sogra disse que ia mudar também, que tinha encontrado uma casa à venda na mesma rua da casa deles e que tinha feito uma oferta. Disse que poderia ficar de babá o tempo todo e até pegar a neta na escola todos os dias!

Paige se abateu. Mas sorriu e não disse nada.

Paige estava trabalhando com Sheena diretamente porque sabia que precisava de ajuda para criar limites mais saudáveis em alguns relacionamentos. Ela deu essa informação para Sheena em tom de derrota.

— Não há nada que eu possa fazer — disse ela —, pensei que a distância ia facilitar a vida, mas ela simplesmente... vai ser minha vizinha. É isso.

Sheena ouviu e fez uma pergunta aparentemente simples:

— Na sua vida, você precisou alguma vez fazer mudanças grandes que pareciam fora do seu controle? Alguma coisa aconteceu sem levar em conta o que você pensava a respeito?

Paige fez que sim com a cabeça sem hesitar nem um segundo.

Volte no tempo

— Sim, claro que sim — disse ela. — Quando eu tinha 10 anos, meu pai se mudou com a nova namorada e eu tive de ir com eles. Minha mãe não podia mais ficar comigo. Eu não queria e disse para o meu pai que queria morar só com ele, e não com a namorada. Ele me disse que se eu não concordasse em morar com a namorada dele, eu teria de ficar num lar de adoção. Se fosse uma escolha entre ela ou eu, ele ficava com ela.

Aos poucos, Sheena e Paige foram destrinchando melhor os problemas. Falaram sobre o papel do marido de Paige no relacionamento entre a mulher dele e a mãe. Acontece que o marido não se envolvia, que a mãe dele sempre procurava Paige, não ele, com suas carências e vontades. Paige não tinha pedido ajuda ao marido para resolver a situação. Por quê? Porque lá no fundo Paige acreditava que se pedisse para ele escolher entre apoiar o que ela queria e apoiar o que a mãe dele queria, ele escolheria a mãe. E Paige não queria passar por isso. Não queria forçar nada e arriscar ouvir que estava abaixo na lista de prioridades dele.

Então Sheena trabalhou com Paige para desenvolver a segurança dela na hora de determinar limites. E poucos dias depois, Paige teve uma conversa com a sogra e o marido, e explicou calmamente que a sua nova família precisava de espaço para construir uma vida juntos, e não ficar à sombra dos pais o tempo todo. Carinhosamente ela disse que gostava e dava valor à sogra, mas que não precisavam que ela cuidasse da bebê todos os dias, que eles queriam que ela aproveitasse momentos especiais com a neta sem ser uma presença diária.

O marido de Paige concordou plenamente com isso e, apesar de surpresa e um pouco contrariada, a sogra entendeu. Ficou assim determinado um limite, com amor, carinho e segurança.

Respeitar os seus limites

Você também tem direito a reconhecer seus limites e comunicá-los claramente para as pessoas à sua volta.

- Você é um pouco introvertido, gosta de estar com as pessoas, mas precisa de espaço privado em casa para recarregar? Você tem direito a dizer ao seu companheiro ou companheira que receber amigos em casa três vezes por semana é demais para você, e ter essa necessidades atendida.

- Você adora sair e confraternizar, mas seu companheiro ou companheira prefere ficar em casa? Você tem direito a explicar que precisa de um equilíbrio e que quer sair e encontrar amigos sozinho, quando o parceiro não quer sair. Ou então que você gostaria que seu parceiro saísse algumas vezes, já que isso seria respeitar suas necessidades, e não só as dele ou dela.

- Você fica muito estressado quando parentes aparecem à sua porta sem avisar? Você tem direito a explicar que está ocupado e que eles precisam ligar antes.

- Você fica triste porque familiares não visitam muito nem ligam para saber se você está bem? Talvez você precise informá-los dessa sua necessidade que não é atendida.

- Você acha difícil dizer não para aquele amigo que sempre pede favores, ou dinheiro, ou apoio emocional e nunca dá nada em troca? Você tem direito a oferecer o que tem para dar *nos seus* termos e recuar quando a amizade parece ser unilateral.

- Você tem um relacionamento romântico com alguém que não respeita sua necessidade de comunicação sincera? Você tem direito a pedir isso e ser tratado com compreensão e bondade.

Sejam quais forem as suas necessidades, você precisa se dar permissão de explicá-las, pedir que sejam respeitadas e esperar que as pessoas na sua vida respeitem os limites que você estabeleceu. Se você respeita seus limites, os outros vão respeitar também. E quando você começar a fazer isso, vai fazer seu espaço aumentar na jornada de cura, porque você não estará sempre tentando lidar com invasões do seu espaço pessoal ou da sua energia emocional. Você está protegendo o espaço de que precisa para curar e ficar bem. Você também está sendo claro sobre o que você precisa mais das pessoas mais próximas, porque isso é determinar limites em torno das ausências ou vazios que o magoam, e você não quer ter de enfrentar mais isso.

Um guia simples para determinar limites

Como já disse, impor limites não é uma maneira de rejeitar alguém nem de banir alguém da sua vida, é simplesmente um limite que você determina, e esse limite, por sua vez, afunda no seu subconsciente, então é bom você reconhecer e entender as necessidades do seu relacionamento. Esses limites protegem suas emoções, seu espaço pessoal (literal e figurativamente) e a sua vibração.

Os limites também dizem para as pessoas, com toda a clareza, que você não vai mais aceitar menos e que você não vai tolerar ser negligenciado ou esquecido. São úteis em todos os relacionamentos, dos profissionais aos íntimos, e são especialmente importantes com as pessoas que mais amamos porque o impacto dos que queremos bem é mais significativo em nós.

Gostaria de esclarecer uma coisa: os limites não são egoístas nem frios. Na verdade, sugiro até que são o oposto disso: um modo firme, mas gentil, carinhoso e bom de cuidar de nós mesmos e dos outros. Os limites permitem que gostemos mais de nós mesmos e que nos respeitemos. E, é claro, quando estamos à vontade com os nossos limites também nos tornamos melhores em notar e respeitar os limites das outras pessoas.

Quando você estabelece limites saudáveis em seus relacionamentos, você dá a eles espaço para florescer e crescer. Você minimiza o desconforto constante e a frustração silenciosa que crescem quando um relacionamento exige demais de você ou invade à força o seu espaço pessoal. Basicamente, os limites possibilitam relacionamentos saudáveis, amorosos e bem-sucedidos.

Estabelecer limites em relacionamentos

Um guia rápido para estabelecer limites em qualquer relacionamento:

1. Dedique um tempo para observar quais situações ou interações despertam algum incômodo em você. O que aquela pessoa faz que te irrita, aborrece ou faz com que você se sinta sobrecarregado, desimportante ou ignorado? Note também o que está sentindo no seu corpo quando está perto da pessoa difícil. Agora volte para a primeira vez que lembra ter sentido isso. Pode ser que a pessoa nesse contexto atual esteja sendo gatilho para traumas antigos. O trabalho de cura do trauma original ou principal tirará a carga de estar com essa pessoa no presente.

2. Em seguida, relacione esse gatilho a um valor ou necessidade básicos que você tenha. Por exemplo, se fica irritado quando um amigo conta para outra pessoa algo que você revelou para ele em confidência, o

valor básico relacionado pode ser que você valoriza confiança e discrição em seus relacionamentos mais próximos. E caso se incomode quando alguém aparece na sua casa sem ligar primeiro, a necessidade básica pode ser respeito ao seu espaço pessoal e tempo.

3. Agora crie uma afirmação assertiva relacionada a esse gatilho e à necessidade ou ao valor associados. Essa afirmação é firme, mas não rude, vem de um lugar de amor e respeito. Eis alguns exemplos:

"Eu valorizo confiança, discrição e a liberdade de me abrir com meus amigos. Por isso não vou partilhar pensamentos e sentimentos pessoais com você se continuar a espalhá-los para outras pessoas."

Ou: "Eu necessito que meu espaço pessoal e meu tempo sejam respeitados. Por isso, por mais que adore estar com você, preciso que ligue e verifique se pode antes de aparecer."

Ou: "Acredito em relacionamentos íntimos e carinhosos, preciso que você passe mais tempo comigo do que tem feito até agora."

No início, você pode achar que precisa incluir pedidos de desculpa ou alguma promessa formal nessas afirmações. Resista a esse impulso, lembre que você tem direito a comunicar suas necessidades *e* pedir que as pessoas as cumpram. Da mesma forma, a outra pessoa tem liberdade de comunicar as necessidades dela, e você pode deixar claro que vai prestar atenção se e quando ela resolver fazer isso. Estabelecer limites assim fica mais fácil se você fizer sempre.

4. Comunique sua afirmação assertiva para a pessoa em questão com calma e clareza. Evite jogá-la no meio de uma discussão ou quando você já está irritado. É ótimo comunicar seus limites pessoalmente,

em um momento tranquilo, mas se achar muito difícil, pode escrever uma mensagem também.

5. Atenha-se aos limites que estabeleceu. Se conhece a pessoa há muito tempo e nunca determinou limites saudáveis antes, eles podem ser testados no início. Isso é frustrante, mas completamente normal, e dá a oportunidade de você deixar claro que está falando sério. Você não quer mais que suas necessidades sejam negligenciadas, e ultrapassar seus limites têm consequências.

Vá até o fim do que propôs. Por exemplo, se disse que eles precisam ligar para você antes de aparecer na sua casa, mas assim mesmo eles chegam sem avisar, você pode abrir a porta e educadamente dizer que está ocupado e que terá de vê-los um outro dia. Eles podem reagir mal a princípio. E tudo bem. Lembre que são os outros que têm de administrar a reação deles, não é sua responsabilidade. A sua responsabilidade é comunicar seus limites claramente para as pessoas e continuar a cumpri-los mesmo quando os outros descumprem. Quando você segue demonstrando respeito pelos limites que estabeleceu, as pessoas que o cercam acabam entendendo que precisam corresponder a esse respeito.

Pratique! Fique calmo, respire fundo algumas vezes e siga em frente.

Certifique-se de que seu trauma termina em você

Quando não conseguimos nos curar de experiências e acontecimentos traumáticos, não somos só nós que sofremos. Trauma entre gerações, às vezes chamado de trauma transgeracional ou simplesmente trauma geracional, é uma teoria psicológica que descreve como os traumas podem ser transferidos por gerações de uma família ou comunidade.

Cobrindo a distância entre a neurociência e conceitos psicodinâmicos, o psicólogo Mark Wolynn escreve sobre os processos pessoais, neurológicos, compartilhados e interativos que permitem aos nossos pais transmitir seus traumas para nós ou nos permitem transmitir nossos traumas para nossos filhos.[15] Wolynn, junto a outros psicólogos, sugere que, se ninguém "interromper o ciclo", os traumas podem ser passados para muitas gerações.

O exemplo mais conhecido em grande escala são os efeitos duradouros do Holocausto nas comunidades judaicas que, em várias maneiras, integraram esse trauma inacreditável em seu modo de vida e percepção do mundo. A comunidade Satmar em Nova York, por exemplo, é uma comunidade de judeus ortodoxos na qual ter filhos é importantíssimo, para compensar as vidas tiradas pelos nazistas.[16]

Claro que é perfeitamente compreensível que essa experiência hedionda continue marcando a comunidade muito tempo depois do acontecido, e esse trauma não pode nem deve ser esquecido, jamais. Para alguém de fora é impossível julgar, mas eu não posso deixar de esperar que todos os humanos sejam capazes, a certa altura, de largar o peso do passado e viver com liberdade.

Em uma escala menor, os traumas são passados nas famílias. O tempo todo. As coisas que seus pais não curaram causaram impacto na sua percepção do mundo. As coisas que seus avós não curaram causaram impacto no modo de vida de seus pais. E as coisas que você não curar podem ter um impacto nos seus filhos, ou sobrinhos, na forma como entendem seus lugares na vida.

---

[15] Wolynn, M. (2017). *It Didn't Start with You: How Inherited Family Trauma Shapes Who We Are and How to End the Cycle*. Penguin Books

[16] Kranzler, G. (1995). *Hassidic Williamsburg: A Contemporary American Hassidic Community*. Jason Aronson, Inc.

*Quando levamos nossos traumas
conosco, é quase impossível não
os partilhar, mesmo se tentamos
esconder e fingir que não existem.
Porque essa ocultação, essa supressão,
é uma expressão do trauma em si,
que pode ser transferida
para outras pessoas.*

Por exemplo, a forma com que os pais interagem com os filhos no dia a dia e interagem com certos comportamentos muitas vezes se baseia em como eles foram criados. Na minha comunidade, a norma era comparar os filhos com outras crianças desde cedo, academicamente, fisicamente, emocionalmente e assim por diante. Se não tirássemos as mesmas notas que as outras crianças, éramos taxados de fracassados. Bebês de pele mais clara eram considerados mais bonitos do que os de pele escura, e isso não era segredo para ninguém. Éramos julgados pelo parâmetro dos nossos pares. Mas isso vai muito além da minha cultura...

Navegar na cultura da comparação

A comparação é um problema que se aplica a todos e nos afeta com muita força. Nem todos esses efeitos são negativos. Neurocientistas como a Dra. Gayannée Kedia e seus colegas descreveram de que forma a comparação faz parte dos mecanismos naturais do cérebro que funcionam para estimular o aprimoramento do indivíduo[17]. Mas comparar pessoas, especialmente crianças, com outras também alimenta insegurança e torna mais difícil para elas se aceitarem.

Nós todos comparamos nossas realizações, aparência, habilidades, notas, inteligência, popularidade, riqueza, relacionamentos e tudo mais com os outros, e usamos outras pessoas como meio de nos avaliar. O modo como somos socializados cria um sistema em que somos julgados em todos os contextos sociais, que vão desde a família até instituições de ensino, grupos comunitários, amigos, ambiente de trabalho e assim por diante. Por sermos julgados, nos tornamos nossos maiores críticos interiores. E também aprendemos a julgar os outros diante dos mesmos parâmetros com que somos julgados.

---

[17] Kedia, G., et al. (2014). "Brain Mechanisms Of Social Comparison And Their Influence On The Reward System"; www.ncbi.nlm.nih.gov/pmc/articles/PMC4222713 (acessado em 2 de janeiro de 2021).

Com o surgimento das plataformas de redes sociais, como o Instagram, agora podemos acessar sem esforço histórias visuais da vida das pessoas, observar alguns de seus momentos mais significativos, incluindo realizações e cenários perfeitos. Então está mais fácil do que nunca cair na armadilha de se comparar ou comparar a sua vida com a de outra pessoa e de comparar outras pessoas com as ideias populares e os movimentos sociais que são compartilhados nas redes.

Temos essa plataforma instantânea e sempre acessível para encaixar as pessoas. Ela atua no desejo muito humano de categorizar e dar sentido a tudo. Se não temos certeza do que nós, pessoalmente, pensamos de alguém (ou de nós mesmos), simplesmente ficamos on-line para ver em que caixinhas nos encaixamos ou não.

Podemos usar nossa tendência de nos comparar com os outros para nos inspirar e motivar, e ter aspirações não é ruim. Mas se não aprendemos a ter discernimento, se não analisamos nossos pensamentos e de onde eles vêm usando a consciência e a lucidez, a comparação pode *nos fazer mal*. Ela mata a nossa alegria e pode ser a semente perigosa que cresce na falta de saúde mental.

Uma cultura de comparação forte pode ser uma forma de trauma geracional passado dos adultos para as crianças, inúmeras vezes. Passa a ser tão normal para nós que nem sabemos que é perigoso. Não notamos que está provocando impacto no que pensamos de nós mesmos e dos outros. Não entendemos que está criando julgamento e sofrimento.

Pois, afinal de contas, como pode algo que tantos pais à nossa volta fazem com os filhos — uma técnica de criação comum, socialmente aceita — ser uma coisa ruim? O mesmo se aplica a humilhar as crianças para impedir certos comportamentos ou isolá-las de qualquer contato social quando fazem algo que não gostamos. Tudo normal e potencialmente prejudicial.

Volte no tempo

Quando levamos nossos traumas conosco, é quase impossível não os partilhar, mesmo se tentamos esconder e fingir que não existem. Porque essa ocultação, essa supressão, é uma expressão do trauma em si, que pode ser transferida para outras pessoas.

Como saber se a comparação virou norma na sua vida? Eis alguns dos efeitos mais comuns:

- Não nos damos valor e achamos que não merecemos nada.

- Baixa autoestima e autoconfiança.

- Ilusão de fracasso.

- Insatisfação.

- Validar nossa existência com base na comparação com os outros.

- Julgar os outros.

- Emoções negativas persistentes, como inveja, ódio, culpa, remorso e ciúme.

- Mentir (fingir algo que não somos).

- Distúrbios na alimentação.

Quando a comparação não vem acompanhada de um robusto autoconhecimento, ela tem dois resultados: achar que você não é capaz ou pensar que é superior aos outros.

Se você carrega um trauma de família ou da comunidade, ou se pessoalmente passou por um trauma na sua vida, ele pode terminar em você.

Mesmo que você não possa descobrir todos os segredos do passado ou resolver todos os enigmas, pode trabalhar sua experiência interior e a expressão externa do trauma, seja ele novo, de segunda mão ou passado para você de muitas gerações anteriores. Você está trabalhando para "reimaginar" suas impressões e expressões.

No próximo capítulo, vamos nos aprofundar nisso, explorando a prática de "reparentalidade" com você mesmo. Você aprenderá a construir novas crenças (positivas, libertadoras, empoderadoras) reagindo a você mesmo com o mesmo amor, curiosidade e sinceridade que daria a um filho.

Mas antes de chegarmos lá, gostaria que você trabalhasse com mais um exercício neste capítulo. Ele vai prepará-lo para o que faremos em seguida, enquanto você começa a reescrever as crenças sobre si que tem no subconsciente e criar as condições necessárias para operar a verdadeira cura interior.

Prática #5: Descobrir suas crenças limitantes

Agora que você já escreveu sua lista da história pessoal (Prática #4), é hora de meditar sobre ela. Esta prática de meditação se destina a permitir que você reconheça as crenças limitantes que tem — aquelas que estão enraizadas nas experiências que relembrou durante o exercício de escrever a lista.

No fundo, o que estou pedindo é que converse com os seus traumas. Os grandes e os pequenos. Converse com eles e observe quais se destacam. Dependendo do tamanho da sua lista, a prática pode levar até uma hora, um dia, uma semana ou mais. Fique à vontade para dividi-la em sessões mais breves. Por exemplo, você pode dividir sua lista em listas menores de 10 lembranças cada e meditar sobre uma dessas listas menores por vez.

Fazendo tudo de uma vez ou indo mais devagar, você deve se certificar de ir até o fim da lista. É importante observar a lista inteira. É perfeitamente aceitável que leve um tempo. A cura interior não é um processo rápido. Estamos nisso para obter resultados verdadeiros, profundos e duradouros. Se você precisa ir lentamente, permita-se fazer isso. Você pode trabalhar no ritmo que achar melhor.

E mais uma vez: esta prática pode ser muito desconfortável. As coisas na sua lista são confusas. Parte delas pode ser dolorosa, outras podem ser coisas que você se esforçou muito, durante anos, para esquecer. Estamos reformulando crenças aqui, reescrevendo as páginas que definem quem você é (ou pelo menos quem você pensa que é). Isso nunca será um processo totalmente confortável.

*Podemos usar nossa tendência de
nos comparar com os outros para nos
inspirar e motivar, e ter aspirações não
é ruim. Mas se não aprendemos a ter
discernimento, se não analisamos nossos
pensamentos e de onde eles vêm
usando a consciência e a lucidez,
a comparação pode nos fazer mal.*

Volte no tempo

Traga à tona
● ● ● ● ● ● ● ● ●

Procure um espaço seguro e confortável. O ideal é onde ninguém vai entrar e interromper sua meditação.

1. Sente-se. Você pode sentar no chão ou numa cadeira. A sua postura não é muito importante, apenas fique confortável.

   Se estiver no chão, sente numa almofada ou duas para o quadril ficar acima dos joelhos. Pode sentar encostado numa parede, se esse apoio ajudar. Se escolher uma cadeira, sente de forma que a beirada do assento encoste de leve na parte de trás dos joelhos e que os pés estejam firmes plantados no chão. Tenha um copo de água ou chá ao lado (nada com cafeína, porque pode aumentar a ansiedade, coisa que não ajuda nesse trabalho com lembranças desafiadoras).

2. Ponha a lista da sua história pessoal na sua frente, em algum lugar em que possa vê-la com facilidade. A lista completa ou a mais curta, se resolveu fazer este exercício em sessões mais breves. E tenha uma caneta também, com o caderno aberto numa página em branco. O título da página é "Crenças limitantes".

3. Feche os olhos. Deixe as mãos confortavelmente apoiadas nas pernas, onde quer que caiam naturalmente. Respire fundo pelo nariz e exale pela boca soltando todo o ar do corpo. Faça isso mais duas vezes, inalando pelo nariz e exalando pela boca.

4. Deixe a respiração voltar ao ritmo normal. Não é necessário controlá-la. Apenas observe. Você está chegando neste momento. Fique sentado respirando assim o tempo que precisar, até se sentir calmo

e presente. Se abriu os olhos para ler este passo, feche-os de novo, sempre sentado e observando a respiração.

5. Agora abra os olhos e se concentre na primeira lembrança da sua lista. Número 1. Leia lentamente. Então feche os olhos.

6. Mantenha essa lembrança em mente. Se sentir vontade de mover as mãos, por favor, faça isso. Às vezes sentimos necessidade de botar a mão sobre o coração, ou o abdômen, ou alguma outra parte do corpo que tem alguma ligação com uma lembrança específica ou é afetada por ela. Não precisa resistir a isso. Deixe acontecer. Estamos trabalhando com o corpo todo, por isso devemos prestar atenção a todo ele. Nenhuma sensação ou emoção deve ser reprimida. Deixe acontecer.

7. Passe o tempo que quiser com essa lembrança. Observe a sensação que provoca em sua mente, no seu estado emocional e no seu corpo. E quando estiver pronto, pergunte para você mesmo: "eu criei uma crença por causa dessa lembrança?"

8. Se alguma crença vier à mente, abra os olhos e escreva no seu caderno, na página "Crenças limitantes". Se ainda não entendeu bem como isso funciona, eis um exemplo da minha lista. Falarei mais sobre isso no próximo capítulo, mas aqui está a versão resumida:

    ~ *Lembrança*: passar fome quando criança toda vez que minha mãe não tinha dinheiro para comprar comida.

    ~ *Crença limitante*: quando tiver comida, preciso comer o máximo que puder porque amanhã, ou depois, ou depois pode não haver comida.

9. Quando estiver pronto, passe para a próxima lembrança na sua lista. Faça isso com cada lembrança de uma vez. Algumas podem demorar mais do que as outras, você pode fechar os olhos para manter uma lembrança específica em mente e descobrir que, na verdade, não parece tão importante, afinal. Você não associou nenhuma crença a ela. Então pode deixar passar e seguir logo para outra.

   Outra lembrança pode ser imensa, pode levar mais tempo do que você esperava para saber o que ela realmente significa para você e como se sente. Como eu disse: *dê-se esse tempo*. *Não há pressa*. Você não está trabalhando no horário de ninguém. Trata-se da *sua* cura e do *seu* bem-estar.

10. Beba água. Beba chá. Se sentir que está sobrecarregado, volte a observar sua respiração, apenas observe. Lembre-se de onde está. Neste corpo. Neste quarto. Neste prédio. Nesta Terra. Neste universo. Continue quando sentir que está pronto.

11. Quando tiver trabalhado na última lembrança da sua lista, concentre-se um pouco na respiração. Respire fundo três vezes pelo nariz e exale pela boca.

    ~ Isso é libertador.

    ~ Você está se libertando.

    ~ Você se libertou.

Você conseguiu. Ao meditar sobre sua lista, você liberou as lembranças às quais não precisa mais se agarrar. E criou uma nova lista, a lista das suas crenças limitantes. Crenças que você carregou por toda a vida. Algumas delas estão com você desde muito jovem.

• • • • • • • • • •

Nem tenho como expressar o grande poder dessa lista na sua frente. Sei que foi muito trabalhoso chegar até aqui. Sei que não foi mágico nem prazeroso. Não é mágica, é trabalho mesmo. Mas agora você tem a lista das crenças limitantes que você identificou. Elas vinham governando como você vivia sua vida. Você as tirou do escuro, trouxe para a luz do dia (ou para a luz da lâmpada ou qualquer luz que você esteja usando). Pode vê-las claramente.

O que acontece quando você consegue ver suas crenças limitantes claramente assim? Você começa a mudá-las.

CAPÍTULO 5

Trabalhe com você de um jeito novo

A mente é flexível, quer aprender e se dispõe a mudar.

Espere um pouco. Podemos respirar juntos? Bem fundo, só uma vez, agora.

Porque já passamos por muita coisa.

Você já passou por muita coisa.

Na sua vida e seguindo este livro até aqui.

Como se sente? Se está agitado ou instável, não se preocupe. É normal. Encarar lembranças, especialmente as mais traumáticas, e conversar com elas é uma grande coisa. Lembre de se dar tempo e espaço para se sentir bem nesse processo.

O que faz com que se sinta bem? Talvez uma caminhada junto à natureza. Tomar café com um amigo. Passar uma noite com o ser amado. Ir ao cinema. Fazer carinho no seu cachorro.

Você merece fazer coisas que elevam seu espírito e acalmam sua alma — esse processo de cura não precisa ser só trabalho duro. A vida ainda é uma experiência grandiosa e bela de ser vivida! Você ainda é uma combinação milagrosa de átomos, uma expressão singular de energia e foi feito para estar aqui.

O impacto dos acontecimentos na infância

Nós trabalhamos bastante ao acessar experiências e lembranças, trazendo-as para a luz para poder iniciar o processo de deixá-las para trás. Neste capítulo, vamos entrar em uma nova fase da jornada de cura, vindo para o momento presente e olhando para o futuro.

Mas, antes disso, quero aprofundar mais um pouco um conceito que mencionei: sua "reparentalidade". Porque esse é o momento perfeito na sua jornada para assumir o controle de como você quer aprender pelo restante da sua vida. Para abraçar sua curiosidade infantil e seu desejo de aprender. E para descobrir como escolher sua reação às coisas em vez de reagir a partir de impressões ou traumas anteriores.

Uma coisa que sempre achei fascinante foi como as pessoas escolhem ser infelizes. Estou usando a palavra "escolher" porque muitas vezes é uma decisão voluntária. Muitos de nós, inclusive eu, participamos de experiências que sabemos que vão nos prejudicar.

Eu costumava comer por comer. Exagerava nos alimentos processados de lanchonetes às quais tinha acesso em grande quantidade. Alimentos que me faziam mal, me deixavam emocionalmente esgotado ou deprimido. Achava que fazia isso porque adorava comer e estava entediado. Mas esse raciocínio era incompleto.

Comer o dia inteiro era uma atividade privilegiada para aplacar meu tédio, considerando minha infância de privações. Quando eu era jovem, minha família não tinha dinheiro e houve momentos em que era raro termos uma refeição adequada. Eu me acostumei a passar fome, sabia que ter uma refeição em um dia não significava necessariamente que teria outra no dia seguinte. Além disso, minha mãe insistia que se eu queria ficar forte e saudável, precisava comer tudo. Pode não parecer tão trágico porque é normal os pais dizerem isso para os filhos, mas, na circunstância em que fomos criados, eu sentia uma terrível pressão para comer toda a comida em qualquer oportunidade, mesmo quando meu corpo resistia.

Eu queria ser forte e saudável para poder proteger minha família das criaturas que se esquivavam no nosso bairro (como sequestradores), ou que nos seguiam até em casa (como alcoólicos), e dos estranhos anônimos que iam à nossa casa no meio da noite e ameaçavam levar minha mãe embora. E dos nossos vizinhos violentos e racistas que se embebedavam e nos perturbavam a noite toda.

Temia pela minha vida e pela vida dos meus familiares. Se comida ia me ajudar a protegê-las me fazendo forte e saudável, eu ia continuar comendo. Com o tempo, comer demais tornou-se um hábito.

Relembrando isso no meu processo de cura nesses anos recentes, compreendi que essa era a origem de comer demais por tédio. Tinha integrado essa crença no meu modo de ser, a crença de que, quando tivesse comida, eu precisava consumir o máximo possível, porque não tinha ideia se teria outra refeição tão cedo. Era uma reação motivada pelo medo e pelo instinto de sobrevivência que se instalou no fundo da minha psique enquanto eu era ainda criança. Mas o resultado em termos reais foi excesso de peso, letargia e decepção comigo mesmo.

Muitos fazem coisas só por fazer, mesmo se não for saudável ou se não melhorar nosso estado de ser de jeito nenhum, e sem questionar a razão para tal. Por exemplo, uma mulher com quem trabalhei alguns anos atrás descreveu para mim seu vício pelo ex. Ele era um narcisista que abusava fisicamente dela com regularidade e, apesar de sofrer ficando com ele, ela se sentia vazia e entediada quando não estava exposta às agressões e à manipulação dele. Ela se condenava por sentir isso e por voltar para ele inúmeras vezes, mas tinha dificuldade para interromper o ciclo.

Você merece fazer coisas que elevam seu espírito e acalmam sua alma – esse processo de cura não precisa ser só trabalho duro. A vida ainda é uma experiência grandiosa e bela de ser vivida! Você ainda é uma combinação milagrosa de átomos, uma expressão singular de energia e foi feito para estar aqui.

Acontece que, quando era criança, ela vivia com cuidadores violentos e esse trauma moldou sua visão do mundo, seus relacionamentos e sua necessidade de ter experiências emocionais intensas. Associou o trauma a uma crença negativa sobre si mesma. Isso é muito comum e serve para manter a experiência ativa e para que se repita.

E ela sentia falta da intensidade do abuso, era como se tivesse sido programada para precisar dessa droga, mesmo que pouco a pouco isso a destruísse. A incerteza fazia com que se sentisse viva. Então não era de admirar que voltasse sempre para aquele homem. Paradoxalmente, ele era o caminho da sobrevivência dela. Essa crença limitante, nesse caso, era que violência e agressão eram parte necessária do relacionamento. E, sem isso, a vida não pareceria vida.

Por meio do trabalho que fizemos até aqui, talvez você já tenha identificado lembranças traumáticas e crenças limitantes que provocam impacto na sua vida hoje. Você começou a descobrir os motivos por trás de alguns comportamentos negativos ou de hábitos dos quais não consegue se livrar e que são sempre frustrantes?

Nossas crenças limitantes não são sempre óbvias assim. Às vezes um acontecimento muito mais sutil é gatilho para uma crença que nos atrasa anos e anos. Por exemplo, um amigo meu lembra de um momento na infância em que fizeram uma pergunta sobre ciência para ele. Ele achou que sabia a resposta, por isso disse, "eu sei!", dizendo o que achava que era a resposta. O adulto que fez a pergunta riu dele. "Bela tentativa", disse ele, "mas você errou redondamente. Não responda a perguntas com essa a menos que tenha certeza de saber a resposta, apenas diga que não sabe."

Como resultado dessa breve e aparentemente insignificante interação na infância, meu amigo passou a vida inteira sem se apresentar para responder perguntas. Ele sempre cala. Acredita que se sua resposta não for 100% certeira, vão rir e zombar dele. Ele é um dos caras mais inteligentes que eu conheço e comedido — as pessoas deviam ouvir suas opiniões e eu sei, pelas nossas conversas, que ele sempre traz muitos pontos de vista para qualquer discussão. No entanto, ele se retrai, ouve o que todos dizem e guarda seu conhecimento e opiniões para si mesmo.

O poder da reparentalidade

Em todos os exemplos que eu dei — e em qualquer experiência que você teve de integrar uma crença limitante à sua visão de mundo quando criança —, o processo chamado reparentalidade seria benéfico.

Nossas mentes foram condicionadas aos acontecimentos que vivenciamos e ao que as pessoas nos disseram. Aprendemos que essas coisas podem criar profundas marcas em nós. Algumas dessas marcas são positivas e úteis, mas outras certamente não, e essas que não ajudam criam padrões de pensamento, emoção e comportamento que nos prejudicam. Elas não nos dão poder nem nos ajudam a sermos felizes. Em vez disso, nós sentimos medo, insegurança e tristeza. E assim sofremos.

Você não é responsável pelo condicionamento da sua infância, mas precisa assumir a responsabilidade de mudar isso agora, como adulto. Culpar o seu passado por uma mentalidade limitante não resolve nada. Você precisa buscar novas formas de pensar e de ser, e praticar essas novas formas até que se tornem mais reais para você do que suas crenças antigas.

Praticar realmente é a chave, e a reparentalidade é uma ferramenta simples que você pode usar todos os dias. Isso costuma ser ensinado para pais e mães, porque é uma maneira de cuidar de você como adulto e dos seus filhos ao mesmo tempo, além de abordar seu trauma de infância de modo a não passá-lo adiante para eles. Mas eu acredito que esse processo pode ser valioso para qualquer um, tendo filhos ou não.

O Dr. Art Martin, autor do livro *ReParenting Yourself,* escreve com detalhes como podemos identificar a rejeição que vivenciamos quando crianças e que agora afeta nossa maneira de reagir a certas situações como adultos.[18] E em *Inner Child Work Book,* a terapeuta especializada em recuperação Cathryn Taylor ensina técnicas similares; ela orienta os leitores a executar o processo na criança que há em nós para curar a vergonha, a raiva e o medo do abandono que sentimos há muito tempo.

Taylor lista seis passos para a reparentalidade, começando pela identificação do sofrimento e a descoberta de qual experiência da infância gerou isso, depois passando para *sentir* a dor, afastar-se dela e, com o tempo, abandoná-la para resgatar a alegria de uma criança.[19] Vou compartilhar aqui minha noção de reparentalidade, que foi influenciada por Taylor, Martin e outros pensadores que me guiaram no caminho da cura.

Para mim, reparentalidade é basicamente reformar nossa capacidade de aprender. É abraçar novas experiências e fazer escolhas do que integramos ao nosso sistema de crenças sobre nós mesmos e nossas vidas, e do que aceitamos e abandonamos como "apenas uma experiência".

Todas as experiências, boas e más, ensinam alguma coisa. Mas nem todas as experiências valem ser incorporadas na nossa compreensão de quem

---

[18] Martin, A. (2009). *ReParenting Yourself: Growing up Again; Recovering Your Lost Self.* Personal Transformation Press.

[19] Taylor, C. (1991). *The Inner Child Workbook: What To Do With Your Past When It Just Won't Go Away.* Jeremy P. Tarcher/Putnam.

somos e do que queremos. As impressões que captamos na infância criaram crenças que nos bloqueiam e impedem a criação de crenças novas e mais úteis. Elas nos deixam empacados.

Podemos nos beneficiar com a reparentalidade

Imagine conversar com você mesmo quando criança. Você é adulto e olha nos olhos da criança que foi. Você sabe o que essa criança aprendeu. Você sabe o que vai machucá-la e impedir que avance quando crescer. E você diz, "ei, sabe aquilo que você aprendeu? Não é verdade. Entendo perfeitamente por que você acredita nisso profundamente e sei que abandonar isso parece muito difícil. Não faz mal chorar ou gritar por causa disso. Mas não é verdade. A verdade é que você merece saber que é amado, que está em segurança e que é uma boa pessoa".

Culpar o seu passado por uma mentalidade limitante não resolve nada. Você precisa buscar novas formas de pensar e de ser, e praticar essas novas formas até que se tornem mais reais para você do que suas crenças antigas.

Às vezes reparentalidade é tão simples quanto repetir uma interação da infância de forma diferente. Lembra do meu amigo que guarda suas opiniões para si porque um dia um adulto zombou dele por ter dado uma resposta errada? Ele poderia se imaginar naquele dia, quando era criança, sendo o adulto. Em vez de rir e de constranger aquela versão de si quando criança, poderia fazer o que o adulto devia ter feito. Ele diria: "Ótima resposta! Na verdade, a resposta correta é essa, mas entendi o que você disse e é muito legal ver que sabe dessas coisas."

Duas frases com palavras diferentes poderiam mudar os sentimentos do meu amigo sobre dar opiniões e errar. Isso é, obviamente, uma simplificação da reparentalidade. Mas essa simplicidade é muito poderosa. Você pode fazer isso. Pode olhar para a sua lista de crenças limitantes, voltar às lembranças associadas a elas e ser o adulto que conversa com você criança naqueles momentos. O que você faria diferente? Como você, na infância, devia ser tratado e como deviam falar com você?

Isso não é apenas especulação. A reparentalidade é considerada um processo terapêutico eficiente para crianças e adultos com traumas severos,[20] e as técnicas de reparentalidade têm apoio da neurociência. Estudos de imagens do cérebro mostram que o cérebro adulto ainda tem a plasticidade do cérebro de uma criança, em um grau menor. Quer dizer que ainda temos a capacidade de criar novas redes neurais, ou conexões, no nosso cérebro. Redes neurais são os elos entre uma parte do sistema nervoso e outra. Eles têm "plasticidade", que significa que podem mudar (ficar mais forte, mais fraco, desaparecer ou desenvolver outros completamente novos), dependendo das experiências, dos pensamentos e das emoções que temos.[21]

---

[20] Willison, B. e Masson, R. (1990). "Therapeutic Reparenting for the Developmentally Deprived Student"; www.jstor.org/stable/23901240 (acessado em 2 de janeiro de 2021).

[21] Sharma, N. et al. (2013). "Neural plasticity and its contribution to functional recovery"; www.ncbi.nlm.nih.gov/pmc/articles/PMC4880010 (acessado em 2 de janeiro de 2021).

Por exemplo, se você sempre pensa que é um inútil quando comete erros, pode criar redes neurais que tornam essa reação e as emoções e sensações físicas que vêm junto cada vez mais automáticas. Fica mais fácil e mais rápido para você se sentir inútil.

Mas se você mudar isso e começar a trabalhar o pensamento de que você está aprendendo e se desenvolvendo toda vez que comete um erro, você começa a construir (e depois a reforçar) um caminho para esse sentimento de crescimento. As reações repetidas vão ficando cada vez mais naturais até que você passa a adotar essas reações sem ter de pensar nelas.

Os novos sistemas de compreensão que criamos com a reparentalidade podem enfraquecer as conexões negativas que formamos quando criança e construir redes neurais alternativas mais fortes que nos possibilitam uma maneira mais positiva de ver as coisas.[22] Essas novas vias se baseiam na nossa visão e no nosso conhecimento de adulto, e não nas crenças falsas que absorvemos dos adultos (inevitavelmente equivocados) que cuidavam de nós quando éramos pequenos.

Ah, e a propósito, ao chegar a esse ponto do livro, você já começou seu processo de reparentalidade, que consiste, basicamente, na prática de reaprender a reconhecer e atender as suas necessidades como adulto. Pare um pouco para agradecer a si mesmo por isso.

Trabalhar nessa prática de reaprender as suas necessidades não significa que seus pais eram ruins nem que eles não amavam você. Significa apenas que seus pais foram, como todos os seres humanos são, imperfeitos. Quando o criaram, foram influenciados pelas próprias limitações, crenças

---

[22] Lee, A. (2018). "The Mirror Exercise and the Reestructuring of the Parent-Child Relational Unit"; www.tandfonline.com/doi/abs/10.1080/03621537.2018.1505117 (acessado em 28 de junho de 2020).

e experiências passadas. Podem ter feito o melhor que podiam com o que tinham na época, e não é insultá-los você agir para se dar o cuidado e o amor de que sempre precisou.

Vamos para o nosso próximo exercício.

Prática #6: Reescreva suas crenças limitantes

No primeiro capítulo, você fez uma lista das crenças limitantes que carregou no subconsciente por um tempo, talvez a maior parte da vida (Prática #5). Algumas dessas crenças surgiram de experiências traumáticas ou dolorosas específicas. Agora é hora de reescrevê-las. E estou sendo bem literal.

Volte para a sua lista de crenças limitantes e escolha cinco lembranças. Quando essas lembranças perderem sua carga emocional, ou seja, quando você conseguir pensar no acontecimento sem a mesma intensidade, acrescente outras três lembranças e continue percorrendo sua lista em um ritmo que ache confortável. Escolha as crenças que são mais presentes na sua vida. Aquelas que ditam suas decisões, seus relacionamentos e seu modo de viver no mundo. Escolha as crenças que criam mais dúvidas e que o impedem de assumir os riscos que gostaria de enfrentar, ou que agem como barreiras entre você e os relacionamentos abertos, poderosamente amorosos que gostaria de ter.

Talvez sejam as crenças sobre as quais você ficou mais tempo meditando em sua lista de lembranças, porque sente que são as mais fortes. Como exemplo, eis algumas das minhas crenças limitantes que mais exigiram esforço para reescrever usando esta prática:

- Eu não tenho poder sobre o meu futuro porque meu destino já foi traçado — e parece uma eterna batalha.

- Serei sempre pobre financeiramente.

- Nunca encontrarei o verdadeiro amor nesta vida.

- Não tenho nenhum talento natural ou habilidades especiais como as outras pessoas.

- Ninguém vai levar meus pensamentos e opiniões a sério se compartilhá-los.

Você pode começar quando achar melhor. Embora possa encaixar essa prática na sua vida em qualquer hora do dia que funcione melhor para você, se possível, o ideal é executá-la logo antes de dormir ou na hora em que acorda. A neurociência sugere que a mente pode ser programada com mais facilidade nesses momentos. Talvez porque as ondas cerebrais theta, que ocorrem quando mudamos da vigília para o sono, ou do sono para a vigília, têm um papel determinante na nossa memória e nas funções cognitivas.[23]

Esse estado da mente foi gravado e analisado em análises modernas de imagens do cérebro; no entanto, é sabido há muito mais tempo que o momento é uma oportunidade importante para influenciar o subconsciente. Os budistas tibetanos, por exemplo, chamam esse estado intermediário de "bardo dos sonhos" e utilizam isso há séculos como momento importante para praticar meditação e uma preparação para

---

[23] Zhang, H. e Jacobs, J. (2015). "Traveling Theta Waves in the Human Hippocampus"; www.jneurosci.org/content/35/36/12477 (acessado em 14 de maio de 2020).

sonhos lúcidos.[24] Então, se você puder reescrever suas crenças nesses períodos de abertura do subconsciente, o impacto será mais forte ou acontecerá mais rapidamente.

Reescreva na luz
• • • • • • • • • • •

Pegue o caderno, caneta e uma bebida quente e se acomode.

1. Escreva suas crenças limitantes escolhidas no caderno. Sugiro usar duas páginas em branco e escrevê-las na página esquerda.

2. Leia cada crença outra vez. Ao ler, faça as seguintes perguntas:

    ~ Porque me agarrei a essa crença por tanto tempo?

    ~ Ela acrescenta algum valor à minha experiência de vida?

    ~ O que aconteceria se eu não acreditasse nisso?

3. Agora você pode reescrever cada crença de um jeito novo na página em branco à direita, para que não sejam mais limitantes e se tornem lembranças poderosas do seu potencial para crescimento e liberdade. Depois de escrevê-las, elas já contribuem para aumentar sua vibração, que vai do baixo nível da limitação ao nível alto e vibrante de esperança e de cura.

---

[24] Cuevas, B.J. (2003). *The Hidden History of the Tibetan Book of the Dead*. Oxford University Press USA, p. 49.

Como exemplo, aqui estão minhas crenças limitantes que compartilhei antes, agora reescritas como crenças novas e empoderadoras:

~ Eu tenho o poder da escolha e a capacidade de aprender e de crescer. Por isso posso moldar meu futuro.

~ Eu tenho tudo de que preciso para criar uma carreira nova e gratificante e para ganhar o dinheiro de que preciso para manter o estilo de vida que quero ter.

~ Eu sou capaz de amar e mereço ser amado. Eu tenho a capacidade de construir um relacionamento forte com base no verdadeiro amor.

~ Minha experiência e meu eu interior são únicos e tenho liberdade para nutrir meus talentos e descobrir como causar o maior impacto que eu puder nesta vida.

~ Meus pensamentos e opiniões são valiosos e tenho segurança para compartilhá-los.

4. Comece a se concentrar totalmente nas suas novas crenças. Para fazer isso, você precisa começar a relacionar as evidências que justifiquem porque essas novas crenças podem ser verdade para você. Pense nas perguntas a seguir e depois escreva suas respostas numa página nova do seu caderno:

~ O que aconteceu na minha vida até agora que apoia essa nova crença?

~ O que posso fazer *hoje* para agir de acordo com essa crença?

~ Como me comportaria, moveria, comunicaria e sentiria se essa crença fosse minha verdade mais profunda?

5. Este último passo é contínuo. Porque daqui por diante você terá de lembrar das novas crenças que escreveu regularmente. Talvez todos os dias.

Há algumas maneiras de reforçar crenças novas positivas, inclusive escrevendo notas e grudando dentro da porta do armário, no painel do carro, na geladeira, no espelho do banheiro e assim por diante. Você também pode ativar alarmes no seu celular e ter as frases como mensagens para lembrar. Sempre que sentir alguma emoção reagindo a uma de suas crenças limitantes, ou agindo, ou tomando uma decisão por causa delas, pegue a nova crença e pense como e no que ela inspira você a sentir, agir ou escolher.

• • • • • • • • • •

Suas novas crenças reescritas farão várias coisas:

~ Serão uma forma simples de reparentalidade: algumas das suas crenças reescritas podem ser o que você desejava que os adultos da sua vida tivessem dito sobre você quando era pequeno. Você pode começar a dizer essas coisas para si mesmo agora e integrá-las ao seu subconsciente tão profundamente quanto as crenças limitantes que criou no início da vida. *Você é o adulto agora* e essa sabedoria está emanando dos passos que você está dando para rever e refletir sobre sua vida, coisa que a maioria das pessoas não faz.

~ Vão ajudá-lo a reverter sua perspectiva toda vez que notar que está agindo ou reagindo afetado pelas antigas crenças no subconsciente. Quando sentir que está afundando em algum padrão antigo, você pode pegar suas crenças reescritas e usá-las como ferramenta para voltar ao caminho da cura.

~ Darão início a um novo relacionamento com o aprendizado. Em termos dos sete corpos, estamos trabalhando aqui com o corpo mental e este exercício ativa a sua capacidade para uma espécie de estudo intelectual, acadêmico, do eu. Quando essa capacidade flui completamente, ela mantém você curioso, sendo um estímulo positivo na sua jornada de cura interior.

Com as minhas crenças reescritas, primeiramente tive de fazer um esforço consciente para lembrar todos os dias. Mas com o tempo elas ficaram mais naturais. Quanto mais eu acessava as crenças reescritas, mais fortes ficavam as redes neurais que levavam a elas. Assim fica cada vez mais fácil eu acreditar realmente nelas.

A cura pela curiosidade

Você já sentiu que não estava aprendendo nada? Ou mais profundo ainda, você sente que não se interessa por aprender nada?

Essa é uma reação ao medo ou ao trauma. É uma reação a ter sofrido.

Nem sempre acontece. Aliás, imediatamente após um acontecimento difícil, você pode até sentir o oposto por um breve tempo. Pode sentir uma onda de energia — uma coisa ruim aconteceu e você quer se recompor rápida e produtivamente enchendo sua vida com coisas novas, ideias novas, pessoas novas, habilidades novas.

Mudar o corte do cabelo ao fim de um relacionamento é um exemplo clássico disso. Ou reservar uma viagem de aventura logo depois de passar por um sofrimento que muda sua vida. Ou mudar de cidade ou país quando nos sentimos muito rejeitados pela família. Mas então a realidade da emoção sentida se instala. E uma reação ao trauma, ainda mais duradoura, assume o controle.

Temos medo de sofrer e queremos segurança. Tudo no corpo e no cérebro é programado para nos proteger e nos agarramos ao que conhecemos, porque para nossos sistemas primitivos é assim que evitamos o perigo. Porque o desconhecido é perigoso, certo?

Então nos encolhemos. Vamos para dentro de nós mesmos. Não de um jeito reflexivo, contemplativo, e sim como numa retirada. Isso pode aparecer na nossa vida como relutância para sair, socializar ou melhorar a aparência, ou cuidar do nosso corpo. Mas todas essas coisas andam de mãos dadas com o desligamento da curiosidade e da conexão.

Eu gostaria de esclarecer: a curiosidade não matou o gato. Curiosidade treinou os músculos do gato, afiou suas habilidades para caça e proporcionou sua próxima refeição.

Quando nossas feridas emocionais matam nossa curiosidade, perdemos um pouco da vida em nós. Ficamos anestesiados, não só para outras pessoas, mas para nós também. Tudo parece menos interessante. Menos animador. Não é o bastante para sair da cama de manhã. É uma reação compreensível. Por que continuar engajado em um mundo tão cheio de ameaças e com potencial para sofrimento? Por que não fechar as escotilhas e desligar tudo?

Por mais assustador que você ache sair para o mundo disposto a absorver qualquer coisa no caminho, conexão social é essencial para a cura. Quando você abordar a sua jornada com essa disposição, e alguns dias pode até parecer um tipo de brincadeira, você pode fazer o seguinte:

- Abrir novas portas. Mesmo aquelas que parecem assustadoras podem valer abrir. Se você se dispõe a ver o que há do outro lado, pode criar um mundo completamente novo de potencial para ter uma surpresa agradável.

- Descobrir um novo sentido de aceitação das suas emoções e experiências. Em vez de pensar "eu detesto me sentir assim!", experimente "é interessante sentir isso, fico imaginando o que mais vou encontrar aí se passar algum tempo com esses sentimentos e me aprofundar mais".

- Aprender. Aprender sobre si mesmo e aprender sobre outras pessoas, aprender novas formas de ver as coisas, aprender novas formas de reagir às coisas, aprender novas formas de interagir com os outros, aprender sobre as coisas que interessam (mesmo que não tenham a ver com a cura, só porque aprender é alegria), aprender a cuidar de si, aprender a dar amor e a receber amor sem medo... simplesmente aprender.

- Parar de julgar. Se você é curioso, sabe que existe sempre outro ponto de vista. Então, julgar a si mesmo ou aos outros por emoções ou reações certamente se torna contraproducente. Você se torna um cientista do seu próprio eu, em vez de crítico.

- Conhecer gente interessante. Curiosidade nos põe para cima instantaneamente e nos conecta com todo o potencial infinito que existe lá fora. Pessoas que têm vibração baixa e pesada não são curiosas. Mas pessoas que vibram alto e que vivem cheias de energia são sempre curiosas. Sempre.

Confiar no processo

Lembra da sensação de curiosidade quando você era bem pequeno? Talvez seja difícil lembrar. Mas dê um tempo. Você queria saber tudo e qualquer coisa. Você perguntava "por que" com tanta frequência que os adultos em volta reviravam os olhos, irritados.

E se você pudesse encarar seu trabalho de cura interior com essa mesma mente aberta? E se você pudesse sentir curiosidade sobre a sua capacidade de curar a si mesmo?

Explore isso. Faça perguntas. Se puder, converse com outras pessoas sobre a recuperação de experiências difíceis, sobre tratar das feridas emocionais e seguir a vida com uma nova abordagem.

Volte a se conectar com a curiosidade. Descubra maneiras de perguntar "por quê?" e "como?". Receba bem a miríade de respostas que terá. Analise a si mesmo, mas sempre com bondade e um esforço consciente de não julgar. Torne-se observador de si mesmo. Você está aqui para grandes feitos, mesmo que não pareça neste momento.

Mas vamos esclarecer uma coisa: não estou pedindo para você descartar tudo que usa atualmente para se definir. Não estou pedindo para você ser uma pessoa diferente nem para alterar sua personalidade completamente. Definitivamente não estou pedindo que se transforme em uma caricatura de curandeiro cheio de colares de contas que só admite "boas vibrações" em sua vida e se recusa a enfrentar negatividade. Afinal de contas, como enfatizei no meu primeiro livro, se resistirmos a alguma coisa, essa coisa persiste.

Estou convidando você a fazer perguntas. A interiorizar de forma diferente — sem se fechar, se abrindo — para receber todo o espectro de emoções que vêm de sermos humanos, e abraçar as lições que encontramos em experiências negativas, além das maravilhosas. Não significa nunca sentir medo. Na verdade significa sentir medo muitas vezes, porque se abrir e resolver ser curioso significa chegar mais perto da nossa vulnerabilidade sentindo-se seguro ao fazer isso — como segurar uma corda ou estar todo equipado para chegar na borda do rochedo. Faz com que entremos no desconhecido para descobrir o que acontece lá.

Quando dou conselhos, ouço algumas frases com frequência:

- É mais fácil falar do que fazer.

- Você não entenderia.

- Para você é fácil falar.

Para ser sincero: eu não tive a pior vida possível. Também não estive no seu lugar. E qualquer coisa é mais fácil falar do que fazer. Pode ser que nunca possamos compreender os outros e seus caminhos por completo porque não vivemos suas vidas. Mas assim como qualquer pessoa, eu já passei por muita coisa. Todos enfrentamos problemas na vida, mesmo que alguns sofram mais do que outros (ou sejam objetivamente piores do que outros).

Algumas coisas que vivenciei, principalmente cedo na vida, poderiam ser consideradas bem devastadoras. Mesmo assim, não importa o que você passou, as chances são altas de você e eu termos tido sentimentos semelhantes às vezes. Eu tive vontade de desistir da vida várias vezes. Porque achei que não era justo ou imaginei algum tipo de conspiração oculta contra mim. Isso soa familiar para você?

Por isso sou grato à minha história horrível e seus ensinamentos cruéis. Imagine se eu não tivesse passado por aqueles momentos difíceis e sofrido o trauma que sofri. Não teria nada inspirador para escrever e nada para comparar aos meus momentos mais felizes — porque são essas comparações que ajudam a realçar tempos melhores e assim podemos notá-los e apreciá-los. Imagine se minha vida tivesse sido sempre fácil e mesmo assim atendesse a um chamado para sair por aí oferecendo conselhos e apoio para pessoas em seu trabalho de cura. Você se identificaria comigo? Provavelmente não.

Sem tempos difíceis e sofrimento, eu não seria capaz de passar adiante o que aprendi na minha jornada pessoal de cura. O modo como lidei com minha saúde mental e meus problemas pessoais permite que eu oriente outros quando procuram saber como lidar com os deles. As pessoas que se dedicam à cura pessoal em geral acabam curando outros. Mesmo se não escreverem um livro sobre isso, sua presença e sabedoria serão transmitidas para as pessoas em volta.

Você tem de confiar que o processo vai ajudá-lo a progredir. Tudo que você atravessa vai ajudá-lo a crescer — o que é bom, o que é ruim e tudo que há no meio. Nos momentos difíceis, não seja duro demais consigo mesmo. Se cometer o erro de cair no papel de vítima, você continuará sendo tratado como tal. Faça simplesmente o melhor que puder para continuar a seguir em frente.

Prática #7: Medite em um novo estado de esperança

Esta é uma meditação curta e simples para ajudá-lo a se firmar nesse momento da sua jornada. Você reescreveu as crenças que o limitavam e agora tem um novo conjunto de crenças empoderadoras e inspiradoras para guiá-lo em sua vida. Elas se tornarão a parte central do seu trabalho de cura e você pode voltar a elas nos anos que virão. Elas podem mudar (porque você mudará), e você deve sempre deixar essas mudanças acontecerem. Não se oponha caso uma das crenças que escreveu não disser mais nada para você. Reescreva de novo.

Essa jornada é sua. Deixe que essas crenças sejam uma espécie de manifesto adaptável que evolui com sua vida, dando força quando você precisa e lembrando nos piores momentos que você é capaz de ver as coisas de uma maneira diferente.

Esta meditação ajuda a integrar suas crenças reescritas ao seu subconsciente e a absorver o significado delas na sua vibração pessoal. Você pode praticá-la uma vez se achar que só precisa disso, mas se a sensação for boa, faça regularmente. E se reescrever suas crenças mais à frente outra vez, repita essa meditação.

Reintegrar. Lembrar. Retrabalhar.

Nos momentos difíceis, não seja duro demais consigo mesmo. Se cometer o erro de cair no papel de vítima, você continuará sendo tratado como tal. Faça simplesmente o melhor que puder para continuar a seguir em frente.

Do jeito que escrevi, esta meditação dura apenas 10 minutos, mas se você quiser, pode alongá-la. Vou dizer outra vez (porque é muito, muito importante) — esta jornada é *sua* e é a sua cura. Você pode fazer do seu jeito e não precisa corresponder a nenhuma expectativa, nenhum programa de ninguém mais, especialmente não do meu.

A meditação da possibilidade

Escolha um lugar onde você não será incomodado por pelo menos 10 minutos. Pessoalmente, adoro fazer esta meditação ao ar livre. Se isso for possível para você, encontre um lugar tranquilo num jardim, parque ou outro lugar aberto. As árvores são grandes companheiras de meditação, como Buda descobriu muitos anos atrás.

1. Descubra a sua melhor posição sentado. Qualquer uma que funcione para você: ajoelhado, de pernas cruzadas ou esticadas, com as costas apoiadas num muro ou árvore, ou não. Escolha uma postura que não pareça um grande esforço. Você deve se sentir relaxado e capaz de se concentrar no seu estado interior e não ficar o tempo todo se mexendo para aliviar o desconforto. Se quiser sentar numa cadeira ou banco, tudo bem.

2. Você pode fechar os olhos se preferir, ou mantê-los abertos e embaçar a visão focando poucos metros adiante. Deixe o foco enevoar um pouco. Os olhos estão relaxados. Se achar melhor praticar de olhos fechados, leia estas instruções duas vezes primeiro:

   ~ Respire. Primeiro três vezes, respirando fundo pelo nariz e soltando pela boca.

~ Respire e solte o ar. Ponha as mãos nas costelas com as pontas dos dedos se tocando no centro.

~ Respire nas duas mãos, expandindo a frente das costelas. Solte o ar.

~ Respire na mão direita, expandindo o lado direito das costelas. E solte o ar.

~ Respire na parte de trás das costelas, expandindo a parte de trás do corpo. E solte o ar.

~ Respire na mão esquerda, expandindo o lado esquerdo das costelas. E solte o ar.

Repita esse padrão circular da respiração mais uma vez. Então deixe as mãos caírem sobre qualquer lugar das suas pernas. Pare de controlar a respiração. Observe seu ritmo natural. Observe como sente seu corpo.

3. Pense em uma afirmação que descreva suas novas crenças reescritas sobre você. Qual é a mensagem geral? O que você está tentando ensinar para si mesmo? O que quer dar para você? Talvez a mensagem por trás delas, a linha que passa por todas, é que você merece amor, de você mesmo e dos outros. Talvez seja que você é forte. Confiante. Criativo. Capaz. Talvez seja que o potencial que existe no seu futuro é luminoso, grande, brilhante.

Não pense demais. Apenas permita que uma afirmação paire na sua mente. Por exemplo:

~ Estou me dando permissão de amar e ser amado.

~ Estou entrando na minha força e confiança.

~ Estou animado com o que pode haver no futuro.

Sorria. Um sorriso suave e calmo. Sinta a esperança que existe no trabalho que já fez. No amor que sentiu por você. Nos desafios que já superou nessa jornada. E no seu avanço para curar você mesmo. Que você entrou no seu poder nesse papel exclusivamente seu e que pertence unicamente a você.

Respire suavemente mais alguns instantes. Finalizando, ponha as palmas das mãos no baixo abdômen. Sinta o calor das mãos irradiando para dentro de você. A energia que dá a si mesmo. Observe a constância do calor no centro do seu corpo. Respire fundo mais uma vez pelo nariz e solte o ar pela boca.

Sua prática está completa. Quando quiser, abra os olhos ou recupere o foco da visão.

• • • • • • • • • •

CAPÍTULO 6

Quem é você?

Seu verdadeiro ser pode estar
escondido sob diversas camadas de
experiência e expectativa,
mas você sempre pode voltar a ser
realmente você.

As pessoas falam muito sobre "ser você mesmo".

"Seja você mesmo", dizem elas, "não tente ser outra pessoa, seja apenas você."

Ou então, em comunidades mais espirituais, você pode ouvir algo assim: "reconecte-se com sua verdadeira natureza". Não vou mentir, eu disse algo assim em dado momento e definitivamente vou dizer outra vez mais adiante neste capítulo.

Mas se você realmente não sabe quem você é, essas declarações não têm sentido. O que significa ser você mesmo? Qual é a sua verdadeira natureza? E como vai descobrir?

Eu prefiro perguntar assim: "quem você seria, como se sentiria e o que faria se nunca tivesse sofrido?" Se ninguém mais existisse ou tivesse dado qualquer opinião sobre você.

Eu sei, essa também não é uma pergunta fácil. Mas pelo menos é mais específica, nos dá alguma coisa com que trabalhar. A insinuação contida nela: quem você é realmente é você sem a dor e o medo. Você sem mágoas. Você sem trauma.

Não quero dizer que precisamos limpar nossa base emocional e adotar um comportamento como se tudo fosse perfeito. Acredito muito que nossos desafios fazem parte da nossa força, que as coisas difíceis pelas quais passamos realmente moldam quem nós somos, o que sentimos e o que fazemos, e que não há como escapar disso. Mesmo quando aceitamos completamente nosso trauma e nos sentimos em paz com tudo na vida até o momento, ainda assim nos adaptamos. Reunimos informação e a integramos a nós. Mesmo nossas novas crenças reescritas foram inspiradas nas nossas antigas crenças limitantes, e essas vieram do nosso sofrimento.

Sempre estaremos conectados com as coisas que nos feriram, mas isso não precisa ser uma coisa ruim. A conexão entre nós e nosso trauma pode se tornar a nossa força. Pode nos dar empatia, fazer com que apoiemos os outros, ensinar do que somos capazes e lembrar que devemos apreciar a beleza cristalina dos momentos comuns porque sabemos que as coisas podem ser muito ruins. Sabemos que esse momento é bom porque passamos por momentos terríveis.

Quem você seria, como se sentiria e o que faria se nunca tivesse sofrido? Se ninguém mais existisse ou tivesse dado qualquer opinião sobre você.

Pensar em quem você seria se jamais tivesse sofrido é conhecer sua energia inata. Sua vibração é afetada pelas suas experiências, relacionamentos, interações e impressões, mas existe uma vibração constante que é só sua em algum lugar aí dentro. E não importa o que aconteça, ou em que estágio de sofrimento ou cura você esteja, essa vibração está sempre aí. Pense nela como seu equilíbrio natural.

E podemos sempre voltar ao equilíbrio se trabalharmos para recalibrar a balança. Parte desse trabalho é usar o que você já fez e assumir o controle do seu direito de reagir — a qualquer coisa — como quiser, e não do jeito que seu trauma quer.

Assuma o controle do seu direito de escolher sua reação

Nós sabemos que os traumas mentem. Quando a dor emocional e o medo se instalam em nós, desenvolvemos um mecanismo de defesa para nos manter a salvo. Nossas reações a gatilhos são grande parte disso e talvez a parte que seja mais visível por fora.

Por isso, quando ensinamos a nós mesmos como nos curar, temos de começar fazendo escolhas. Em vez de reagir imediatamente quando atingidos por algum gatilho, seja uma coisa ou alguém, paramos. Agradecemos à pessoa ou coisa que nos afetou — porque demarcaram uma parte de nós que precisamos curar —, e então escolhemos reagir como realmente queremos reagir.

Suas crenças reescritas são úteis aqui. Quando você se sente sobrecarregado e acha que está prestes a reagir a alguma coisa baseado num antigo padrão ou compreensão limitada de você mesmo, mude para as novas crenças. Lembre-se de como mudou seu ponto de vista antes — como já fez isso antes, você é perfeitamente capaz de fazer de novo, mesmo enfrentando um momento estressante.

Em seu livro *Os quatro compromissos*, o pensador e escritor Don Miguel Ruiz oferece um código de conduta baseado na sabedoria espiritual do antigo povo mexicano, os toltecas. Seu segundo acordo afirma que não devemos levar nada para o lado pessoal.[25] Outra coisa que é mais fácil falar do que fazer, eu sei. Mas aqueles que tentam nos diminuir revelam mais sobre o caráter e a percepção do mundo deles do que sobre o nosso. Aqueles que querem ferir o mundo fora deles devem conter ferimentos em seu mundo interior. Só podemos dar o que temos — literal e energeticamente.

Imagine que você está navegando nas redes sociais e se depara com uma imagem ou texto que o afeta emocionalmente. Você reage ao comportamento ou às palavras de alguém. Sua vibração é reduzida conforme sente raiva, inveja, insegurança ou decepção. Uma emoção dolorosa aflora novamente e, para se defender desse sofrimento, você usa linguagem agressiva e dispara ódio no comentário para a pessoa que fez a publicação. Sua reação revelou uma ferida emocional que não está curada.

É como se alguém visse uma foto sua com a companheira e dissesse que você é feio demais para estar com ela. Apesar de a foto ter afetado alguém, esse alguém também afetou você com o comentário, porque criou uma dúvida e fez você sentir que não vale grande coisa. Essas são crenças baseadas no medo. Os que se sentem seguros e que reconhecem o próprio valor não dariam o troco para esse tipo de opinião.

---

[25] Ruiz, Don Miguel. *Os quatro compromissos: O livro da filosofia tolteca*. Rio de Janeiro: Best Seller, 2021.

No curto prazo, você pode estabelecer limites para você mesmo, para administrar suas reações. Por exemplo, pode fazer um acordo consigo mesmo de que, quando sentir o gatilho, dará um tempo para pensar e avaliar como quer realmente responder — em vez de reagir no calor do momento.

Aqueles que tentam nos diminuir revelam mais sobre o caráter e a percepção do mundo deles do que sobre o nosso. Aqueles que querem ferir o mundo fora deles devem conter ferimentos em seu mundo interior. Só podemos dar o que temos – literal e energeticamente.

No mínimo, isso vai salvá-lo do constrangimento potencial de se tornar um agressor na internet. E em situações cara a cara, pode evitar um conflito concreto em relacionamentos que são importantes para você.

Reprogramando a mente

A solução de longo prazo é fazer o trabalho que você está fazendo à medida que vai lendo estas páginas. Recondicionar a mente e aprender suas novas crenças empoderadoras. Mais do que aprendê-las, *integrá-las* ao seu subconsciente. Faça delas uma parte da sua maquiagem energética. Repita suas novas crenças inúmeras vezes até reforçar as redes neurais conectadas a elas ao ponto de ser fácil e natural acreditar realmente nelas.

Assim, cada vez que você sentir um gatilho emocional, use isso como uma oportunidade para crescer. Ou mais especificamente (porque não sei você, mas eu prefiro conselhos específicos em vez de vagos), use como uma oportunidade de reforçar conscientemente as redes neurais das suas novas e empoderadoras crenças de cura.

Como fazer isso? Parando para pensar. Em vez de reagir imediatamente, descubra qual das suas crenças limitantes se aproxima mais dessa provocação e da forte reação emocional que você está vivenciando. O que o leva a sentir isso? Porque sente necessidade de revidar ou de provar que a pessoa que estimulou isso está errada? Então lembre-se da nova crença que trata mais diretamente dessa provocação.

Lembra de quando comentei sobre o fim do namoro que me lançou num poço sem fundo? Eu mencionei que uma das minhas reações foi uma raiva universal das mulheres. Era irracional, uma mulher tinha me ferido e meu ego ferido e estado emocional traduziram isso para um sofrimento causado por todas as mulheres. Agora eu entendo perfeitamente que

Quem é você?

estava completamente errado e que era injusto com todo um gênero. Mas era o que eu sentia. A reação defensiva na qual me precipitei e a reação que era muito forte.

Eu não era quem realmente sou. E definitivamente não era quem eu quero ser. Mas por um tempo me fez reagir às mulheres de forma muito agressiva e irracional. Quando conhecia uma mulher que parecia muito segura de si, ou que falava sobre relacionamentos de modo autoritário, eu reagia com desdém (em geral não dirigido a ela, mas na minha cabeça e/ou a outras pessoas).

Eu pensava, "ela é manipuladora. Está apenas usando sua feminilidade para se aproveitar de mim. Ela não quer saber de relacionamentos equilibrados, está apenas dizendo isso para conseguir o que quer".

Destilando isso, acho que minha crença limitante era que todas as mulheres queriam se aproveitar de mim. Ou que estavam lá para conseguir homens. E mais tarde, quando comecei a aceitar minha história de modo mais consciente e fiz o trabalho de reconhecer minhas crenças limitantes, eu reescrevi. A nova crença ficou assim: "eu sei que posso ter relacionamentos carinhosos de amor com mulheres genuínas, atenciosas, inteligentes e boas."

Apliquei minha nova crença a amizades e ao relacionamento com minha mulher. E quando entrava em conflito com uma mulher e sentia aquela crença antiga surgindo, eu parava e a substituía. Lembrava que podia ter os relacionamentos carinhosos e amorosos da minha nova crença. Que as mulheres não querem se aproveitar de mim. Que as mulheres são seres humanos como eu, com sentimentos, pensamentos, medos e desejos próprios.

Levou um tempo. Eu repetia o processo. E cada vez que fazia isso, dava mais força para o caminho neural que me levava à nova crença. Até que não precisei mais lembrar dela porque simplesmente se transformou no que eu acreditava. Então agora, quando encontro uma mulher que teria provocado forte reação em mim, ou quando discordo da minha mulher ou de uma amiga, eu não penso, "ai, ela é mulher, por isso é manipulativa e quer se aproveitar. Ela é desonesta e não posso acreditar no que diz...". Eu apenas lido com a situação como ser humano interagindo com outro ser humano.

É claro que devia ter feito isso o tempo todo, mas na época daquele relacionamento que terminou eu não tinha consciência para impedir que minha reação baseada no medo fizesse parte do meu sistema de crenças.

Esse é apenas um dos muitos exemplos que mostram como minha jornada de cura me ajudou a me reconectar com quem eu realmente sou, em vez de ser quem meu trauma estava me levando inconscientemente a ser. E é isso que essa jornada fará por você também. Quanto mais suas crenças reescritas forem integradas ao seu modo de ser, mais fortes ficarão as vias neurais em seu cérebro e mais você será como realmente é.

Você vai parar de acreditar nas mentiras ditas pelo seu sofrimento, porque terá mais certeza de quem é e desenvolverá habilidades que farão com que questione as coisas, seja curioso e reconheça que há sempre outra maneira de ver alguma coisa.

O você que está sempre aí

Na filosofia da ioga, o verdadeiro eu está sempre aí. É um centro firme que nós todos temos. Nos upanixades, antigos textos indianos, chamam de atman, que é basicamente o eu mais completo possível. O verdadeiro

Quem é você?

eu é a parte de cada um de nós que está sempre conectada com tudo: o universo, o divino, a consciência universal ou como você quiser descrever o "todo". Nós todos viemos da mesma matéria e voltamos para a mesma matéria.

Tive um professor de AdvaitaVedanta — uma escola não-dualística da filosofia hindu que se concentra na autorrealização — que descreveu esse verdadeiro eu para mim usando uma história. Não conheço a origem, acho que é um conto compartilhado de diversas formas por muitos povos. Então essa é a minha versão, escrita para você.

Duas ondas correm para a praia. A primeira está ansiosa, nervosa, pensando a 200 km por hora o que vai acontecer. Ela pensa:

Quando chegar à praia, acabou, vou estourar. Minha vida vai acabar.

Eu quero ir mais devagar e observar tudo, mas não consigo, meu impulso é seguir em frente. Não consigo parar.

A outra onda é maior do que eu. Eu queria ser maior.

E é mais rápida do que eu também, eu não sou muito boa nisso.

Estou assustada! Não quero isso! Quero que tudo isso pare!

Quero ser onda mais tempo, ter mais experiências!

Essa onda estressada e em pânico não aproveita a experiência da viagem para a praia. Não percebe a beleza em volta porque se preocupa com o fim e com todas as coisas que podem dar errado, quer controlar ou modificar a situação.

O verdadeiro eu é a parte de cada um de nós que está sempre conectada com tudo: o universo, o divino, a consciência universal ou como você quiser descrever o "todo". Nós todos viemos da mesma matéria e voltamos para a mesma matéria.

Quem é você?

Mas a segunda onda está calma. Ela corre rapidamente para a praia porque é isso que as ondas fazem, mas não está assustada. Ela pensa assim:

Esta vida é bonita.

Estou contente de ser onda esses poucos minutos.

Não vou estourar ou morrer quando chegar à praia porque vou simplesmente voltar para o mar.

Eu vim do mar e vou voltar para ele.

É o que eu sou e eu sou o que é.

É isso que eu devo ser.

A segunda onda tem ligação com a firmeza, a paz e até a bênção que é o verdadeiro eu em seu âmago (se me perdoa usar a palavra bênção). Contrastando, a primeira onda não tem essa ligação, está distraída com impressões que adquiriu desde que se tornou onda e em pânico porque vai perder seu status de onda, por isso não consegue ver nem aproveitar o fato de ser maravilhoso ser onda por algum tempo.

Você é a onda. O universo é o mar. Se você está calmo e ligado a quem realmente é, pode ficar em paz e conectado com a energia do universo. Sua vibração está sintonizada com a energia universal. Você não se perturba nem sofre com a impressão e as experiências que absorve no caminho da vida porque no seu âmago sabe que você é firme, feliz e calmo.

Esse verdadeiro eu está sempre aí. É o equilíbrio para o qual sempre pode voltar.

Prática #8: Reconheça que sabe ser verdadeiro com você mesmo neste momento

Reconectar com sua verdadeira natureza, ou o verdadeiro você que existe sempre no seu âmago, não é coisa que você possa fazer em um instante. E essa sensação de estar conectado e consciente de quem você realmente é vai e vem... a não ser que você seja um monge que pode passar doze ou mais horas por dia meditando em isolamento e silêncio, prática que para a maioria de nós não é conveniente ou atraente.

Eu definitivamente acredito que você pode atingir um lugar para crescer onde sempre sinta a presença do seu verdadeiro eu sob a superfície; você sabe que está ali, constante e firme, e sabe como voltar para ele. Mas as impressões e experiências e pressões do dia a dia no nosso apressado mundo moderno nos afastam dessa verdadeira natureza o tempo todo. Então, parte do nosso trabalho de indivíduos comprometidos com nossa própria cura é voltar para ele, o tempo todo.

Esta é a primeira de duas práticas simples de meditação que você vai trabalhar neste capítulo, usando a consciência e a afirmação para se enraizar. As duas utilizam as habilidades e o aprendizado obtidos até aqui, por isso não se preocupe que não vai ser a frio. E as duas funcionam rapidamente para trazê-lo primeiro para o momento presente e depois para a verdade no seu âmago.

Mas você precisa praticar a primeira antes de ir para a segunda, por isso resista à tentação de pular lá para a frente. Lembre que nosso jogo aqui é devagar, que não há nenhum atalho para a liberdade interior real.

E como as outras práticas de meditação que compartilhei até agora, saiba que você pode repetir esta sempre que achar que pode ser útil.

É uma boa meditação para ajudá-lo a se conscientizar do seu progresso. A primeira vez pode ser difícil responder à pergunta que contém, mas quanto mais avançar no seu caminho de cura, mais fácil será reconhecer o que é verdade sobre você.

Meditação da verdade presente

Você pode usar esta prática a qualquer hora. É particularmente útil para superar ansiedade ou pânico em momentos difíceis porque o traz imediatamente para o momento e permite que você questione, sem julgar, os pensamentos na sua mente.

1. Sente na sua posição mais confortável, num lugar em que ninguém vá perturbá-lo por 10 minutos. Você já sabe como é.

2. Ponha as duas mãos sobre o peito. Sinta o peito subir e descer com a respiração no ritmo natural. Pode fechar os olhos se achar melhor, ou mantê-los abertos sem foco. Se achar melhor praticar de olhos fechados, leia essas instruções duas vezes antes de começar.

3. Leve sua consciência para o chão embaixo de você, para as partes do corpo que estão tocando o chão (ou a cadeira, ou a almofada, ou onde estiver sentado). Deixe-se firmar nessas conexões. Seus ossos estão firmes no chão ou na cadeira. Sua coluna reta, sugando energia da Terra.

4. Conscientize-se de que está aqui. Neste lugar. Neste momento. Note quaisquer sons que possa ouvir de fora do cômodo. Não precisa fazer nada. Apenas ouça. Deixe os sons aí.

Então note quaisquer sons que possa ouvir dentro do cômodo. Mais uma vez não faça nada, apenas note.

Note quaisquer sons que possa ouvir dentro do seu corpo. Talvez o som baixinho do coração. Ou até sons mais sutis.

Use esse processo de observar os sons para ficar mais consciente de onde está. Aqui. Neste momento.

5. Então pense nesta pergunta: o que é verdade sobre você neste momento?

Responda silenciosamente em sua mente e sem sentir pressão alguma para dar a resposta "certa". Responda de um jeito que pareça certo para você.

Pode começar com o que sente... É verdade que você pode sentir a conexão entre seu corpo e a superfície em que está sentado.

É verdade que está respirando.

É verdade que está se curando.

E vá mais além. Torne isso mais pessoal. Não importa se nem todas as coisas que você sabe que são verdade sobre você são positivas. Não há necessidade de julgar nenhum pensamento que surja, seja ele positivo ou negativo. Deixe cada pensamento apenas existir.

Mas se uma crença negativa surgir, questione. Por que é verdade? E se não for?

O que você sabe ser verdade sobre você?

6. Quando sentir que respondeu à pergunta, volte para a sua consciência da respiração. Observe seu peito subir e descer nas palmas das mãos. Note como a coluna estica um pouco cada vez que inspira e depois relaxa um pouco quando solta o ar.

Agora fale sobre a seguinte afirmação, em voz alta se ficar à vontade assim, ou mentalmente. Continue presente e concentrado em cada palavra e evoque todo o poder do seu coração, da sua mente e do seu corpo para tornar a afirmação objetiva:

É verdade que vou passar deste momento e aproveitar a liberdade da minha existência nesta vida.

7. Envie energia boa e calorosa das palmas das mãos para o seu coração. Nesse momento existe uma sensação de calma e de amor.

É isso. Muito bem. Deixe tudo para lá.

● ● ● ● ● ● ● ● ● ●

O futuro é diferente

Mais uma das coisas dolorosas que o medo nos faz acreditar é que nossas vidas não podem mudar. Criamos narrativas de trauma para nós mesmos. "Isso aconteceu comigo, então aconteceu aquilo e depois outra coisa e por isso estou só esperando a próxima coisa terrível. Essa é a minha vida. Nunca serei feliz nem terei paz porque sei que estou fadado a mais maus momentos."

E é uma profecia que se autorrealiza. Se esperamos mais traumas, ficaremos esperando por eles, talvez até os procuremos, mesmo sem saber que estamos fazendo isso. Então ficamos presos num ciclo de sofrimento e de expectativa de sofrimento, de sofrer e de esperar mais. Não há muito espaço para felicidade e crescimento aí, não é?

Um dos lugares em que mais vemos esse ciclo em ação é nos relacionamentos que escolhemos. Muitas vezes, devido ao paradoxo do consolo através da dor, casais incompatíveis se agarram um ao outro. Uma pessoa forma sua identidade em torno do parceiro ou parceria e descobre que, sem sua "metade", a imagem dela desmonta.

Algumas pessoas não conseguem reconhecer quem elas são ou o que é a própria vida sem ter aquela outra pessoa presente. Não me entenda mal, isso sempre pode mudar, e se você está gritando aí "isso sou eu!", você está em um bom lugar para descobrir o caminho para fora dessa situação. No entanto, a cola que mantém essa identidade no lugar é uma combinação das lembranças e do potencial imaginado daquela pessoa.

As pessoas tendem a acreditar que sua ilusão do presente é a verdade final. Não entendem que elas mesmas a criaram pelas lentes do passado e do futuro (ou mais precisamente, da percepção delas do passado e do futuro). A lente do presente fica distorcida pelos dois lugares que só existem como construções mentais. O passado e o futuro não existem no reino físico, mas nós viajamos para eles regularmente para que nos forneçam "fatos" sobre nosso relacionamento atual, ou para justificar nossos atos e decisões no momento presente.

Claro que o passado é benéfico quando vem para inspirar uma mudança positiva na nossa mentalidade, como se lembrar de todas as coisas boas que a pessoa realizou. E sim, qualquer espaço mental futuro pode ser ocupado com pensamentos empoderadores para manifestar mudanças —

Quem é você?

por exemplo, pela visualização, que vamos abordar mais adiante. Mesmo assim, o comportamento de uma pessoa hoje, no presente, e não como se comportou no passado, é a definição de onde essa pessoa está em sua jornada e se está realmente comprometida com seu relacionamento. Você encontrará respostas bem na sua frente ou dentro de você, não atrás ou lá longe.

Os feitos e as promessas do passado não são reflexo da situação presente, mesmo que tenham ajudado a formá-la (lembre que manifestamos o presente baseado nos padrões que vêm do passado). Camadas de percepção distorcida sempre escondem a verdade final.

Compreender que você gosta mais das lembranças de uma pessoa do que da própria pessoa pode ser ruim, até doloroso, porque uma ilusão que protegeu e manteve você está sendo destruída. Mas é um passo para deixar para trás apegos que não são saudáveis e se curar. Por extensão, você vai se abrir para um relacionamento melhor, realmente baseado no amor e no respeito, e que tem um futuro brilhante.

Destruir ilusões, por mais difícil que seja, é seu caminho para um futuro maior e mais autêntico. Seja um padrão de relacionamento ou qualquer outro ciclo no qual o trauma parece se repetir sempre, essa pergunta é sempre um lugar útil para começar: *o que você faria se jamais tivesse sido magoado?* Se você pensa que uma versão sua sem sofrimento faria escolhas diferentes, como terminar esse relacionamento, largar o emprego, interromper o ciclo... Bem, você provavelmente sabe o que precisa fazer.

A situação atual não reflete quem você realmente é. Talvez tenha base no mesmo tipo de medo que a primeira onda sentiu: medo de que nunca será melhor do que isso, que você não é bom o suficiente, que os outros são melhores do que você e que está correndo loucamente na direção de uma coisa que não quer que aconteça. Então mude. O que a segunda onda escolheria?

Prática #9: Reconheça o que espera que seja verdade no seu futuro

Este é o nosso primeiro exercício somente de visualização. Guardei para este ponto na jornada porque, apesar da visualização ser praticada por muitas pessoas de diversas maneiras, não é fácil fazer bem se você ainda não está acostumado a estar centrado em seu corpo, em você mesmo, no momento presente.

Mas agora você já conhece essas coisas. Passamos um tempo trabalhando no passado e pelos "corpos" mais tangíveis — do físico ao mental. E agora podemos trabalhar com aspectos mais sutis do seu eu.

Todas as partes do processo de cura são transformadoras e, na minha opinião — de alguém que não está atualmente lidando com lembranças dolorosas do passado e que sabe que é duro —, muito animadoras. Mas começar a visualizar seu verdadeiro eu no futuro é talvez a parte mais empolgante porque não há limites. Você não tem de colorir dentro das linhas, pode imaginar qualquer coisa e tudo que realmente quer, e tornar isso real na sua cabeça, mesmo que seja por alguns minutos.

A mágica disso é que, embora não seja "real" no sentido empírico no mundo aí fora, seu subconsciente e sua vibração energética não distinguem as imagens que você cria mentalmente das imagens que podemos absorver de fora.[26] Por isso, quando você mergulha fundo na "visualização

---

[26] Pearson, J., et al. (2015). "Mental Imagery: Functional Mechanisms and Clinical Applications"; www.ncbi.nlm.nih.gov/pmc/articles/PMC4595480 (acessado em 16 de março de 2020).

do seu eu verdadeiro no futuro", cria a mesma energia e as mesmas impressões no subconsciente que seriam geradas se essa visualização estivesse acontecendo na sua vida "real".

Isso produz duas coisas importantes:

1. Insere sua esperança e desejos no seu subconsciente. Profundamente. De uma forma que significa que você começará a trabalhar naturalmente pelos elementos da sua visualização. Algo dentro de você começa a acreditar que isso vai se concretizar. Escrevi mais sobre esse conceito no meu primeiro livro, mas o básico é que ocorre uma mudança no seu comportamento, nas escolhas que faz e nos seus atos. E assim aumentam as chances dos seus sonhos para o futuro se tornarem reais.

2. Sua vibração muda paralelamente à energia dessa visualização do seu eu verdadeiro do futuro. A energia que você irradia se torna a mesma energia que irradiaria se estivesse lá, no futuro, vivendo sua vida sonhada e sendo a versão de você que mais deseja.

*Compreender que você gosta mais
das lembranças de uma pessoa do
que da própria pessoa pode ser ruim,
até doloroso, porque uma ilusão que
protegeu e manteve você está sendo
destruída. Mas é um passo para
deixar para trás apegos que não
são saudáveis e se curar.*

Quem é você?

Se na sua prática de visualização você estiver confiante, calmo, com respeito e em paz com tudo que aconteceu no seu passado, você vai vibrar nesse nível. Vai lançar essa energia no universo. E o que você dá, pode receber de volta.

Isso funciona no nível físico. O escritor e pesquisador Dr. Joe Dispenza escreve: "Nós não precisamos ganhar a corrida, a loteria ou a promoção antes de vivenciar as emoções desses acontecimentos. Lembre-se que podemos criar uma emoção só com o pensamento. Podemos sentir alegria ou gratidão antes do acontecimento a tal ponto que o corpo começa a acreditar que já está lá. O resultado é que podemos sinalizar para que nossos genes criem novas proteínas a fim de modificar nosso corpo para ir além do ambiente presente."[27]

Esta prática é parte poderosa do nosso processo de cura. Ela se alimenta das sutilezas do eu de um jeito novo e você faz isso na hora em que está pronto para aproveitar ao máximo. Você já fez o trabalho de base e sua jornada está bem encaminhada.

Ouse ter esperança

Este exercício pode ser feito sentado na sua posição mais confortável ou deitado. É ótimo fazer no fim do dia, na cama. Você pode adormecer suavemente logo depois e deixar sua visualização marcada mais fundamente no seu subconsciente, deixando impressões nos seus sonhos.

---

[27] Dispenza, Joe. *Quebrando o hábito de ser você mesmo*. Porto Alegre: Citadel Grupo Editorial, 2019.

1. Instale-se na sua posição preferida. Feche os olhos ou os mantenha abertos, sem foco. Se achar melhor de olhos fechados, leia essas instruções mais de uma vez antes, depois comece.

Respire fundo e imagine o ar viajando para cada célula do seu corpo. Respire até as pontas dos dedos das mãos e dos pés, para o topo da cabeça. Prenda a respiração alguns segundos e depois solte-a, lentamente. Deixe a respiração voltar ao ritmo natural, relaxado. Sem controle. Sem esforço.

2. Lembra do escaneamento que fizemos do corpo lá atrás, o primeiro exercício do livro? Mentalmente, recupere consciência similar do seu corpo agora. Não precisa notar cada parte do corpo de uma vez — porém, se tiver tempo e vontade, pode fazer isso —, mas se conscientize do corpo todo. Um organismo completo, perfeito, harmonioso. Tudo conectado.

Você está totalmente consciente do corpo todo.

Neste lugar. Neste momento. Imóvel e calmo.

3. Agora traga essa consciência para seus pensamentos. Observe o movimento da sua mente, pensamentos passando, parando um pouco e seguindo. Nenhum pensamento é bom ou ruim. Não há necessidade de julgar. Deixe cada pensamento existir e depois libere.

4. Agora você pode começar a assumir o controle para direcionar seus pensamentos. Imagine-se daqui a cinco anos. Imagine como se estivesse realmente lá, comece a construir uma imagem na sua cabeça, uma realidade.

Quem é você?

~ Passaram cinco anos e você trabalhou esse tempo concentrado, amoroso e objetivo na sua jornada de cura. Você deixou para trás lembranças dolorosas e trouxe o sofrimento reprimido para a superfície. Você lamentou aquela dor, lamentou a versão de você que nunca processou aquela dor. E você a aceitou.

~ E nesses cinco anos, à medida que foi se conectando cada vez mais com quem você realmente é, ficando mais e mais consciente das suas crenças e comportamento limitantes, você mudou. Ou melhor, você retornou ao equilíbrio. Você não é uma pessoa diferente, você é a mesma pessoa, só que não tem mais suas feridas em carne viva.

~ Suas emoções não são mais pesadas.

~ Você está livre. Está curado.

~ E nesse estado sua vida começou a mudar. Você atingiu objetivos com os quais sempre sonhou. Você construiu relacionamentos fortes, amorosos e gratificantes. Você se sente inteiro.

~ Visualize você nesse momento, daqui a cinco anos. Como se estivesse realmente lá.

~ Observe onde está. O que tem. Como se sente.

~ Crie os detalhes que quiser. Pode notar a roupa que veste, a linguagem corporal, as pessoas à sua volta. E ter consciência de onde está na sua vida — imagine seu trabalho, a casa em que mora. Qualquer coisa que seja importante para você.

~ Você não está só criando um quadro aqui, é mais uma cena completa. Envolva seus sentidos também. Onde você está? Qual é o cheiro desse lugar? Que objetos estão ao redor e como são? O que você ouve? Que gosto?

~ Esse momento se sentindo bem, e se sentindo melhor, e se sentindo curado é seu. Abrace a criatividade que tem dentro de você e invoque-a ao máximo. Não existe jeito errado de fazer isso.

~ Por exemplo, se você sentir que quando superar seu trauma e seu medo você vai poder construir o relacionamento que sempre sonhou, então visualize você com aquela pessoa. Ela está nesse momento com você e você sente o abraço, o perfume e vê os olhos dela nos seus.

~ Ou se sentir que quando chegar a esse momento no futuro terá uma certa casa, ou certa aparência, ou certo estilo de vida, inclua na sua cena. Não há limites para isso, nem julgamento. Torne isso seu.

~ Exista nesse momento. Daqui a cinco anos.

5. Você se sente completo. Vivencie isso.

Não se preocupe se parece exagerado no início. Não faz mal. Esta prática é quase como... experimentar o futuro para ver se serve. Sentir o potencial que existe se você se comprometer com a sua cura interior. Ver pessoalmente como isso tudo vale a pena.

6. Então, quando achar melhor, sinta a respiração de novo. O ritmo da respiração, a duração e a profundidade.

Quem é você?

Suave e lentamente, volte para o momento presente. Para o seu corpo aqui e agora.

Sua prática terminou. Você começou a reconhecer o que seu verdadeiro eu quer no futuro. E assim você começou a tornar tudo isso possível.

●●●●●●●●●

CAPÍTULO 7

Quando seu fogo arde

A autoestima vai reacender
seu poder e conectá-lo com
o corpo cósmico.

Existe fogo dentro de você. É uma luz que queima e queima e que o mantém seguro. Ela queima tudo que você não precisa e é bastante quente para queimar tudo que machucou você.

Seu fogo interno o mantém seguro do jeito que seu medo sempre quis dar segurança para você. Mas o medo não pode mantê-lo em segurança porque ele mente. Ele não pode evitar, é preconceituoso. O medo se baseia apenas nas piores coisas que aconteceram com você. Não abrange todas as coisas extraordinárias que são possíveis. O medo não é capaz de imaginar que existe alguma coisa que você não precisa temer. Ele só conhece o pior da vida.

Mas o fogo dentro de você sabe mais. Sabe que o medo é um amigo valioso, com quem você pode aprender e que conhece segredos que valem ser ouvidos. Mas também sabe que o medo nunca, jamais será um bom líder. Seu fogo recebe o medo para ajudá-lo a evitar se deixar levar para as piores situações, mas sabe que o medo muitas vezes é desonesto ou erra, e que ele quer que você evite qualquer coisa incerta ou misteriosa.

E o seu fogo conhece as possibilidades brilhantes que existem no desconhecido.

Mas às vezes nosso trauma apaga nosso fogo interior. Nós nos afundamos nas emoções e no sofrimento e também no medo. Ficamos sobrecarregados. Exauridos. Por isso nos distanciamos do fogo, ele esfria e apaga.

Agora é hora de cuidar dessa chama. Recuperar a conexão com o poder que você sempre teve e queimar os obstáculos que a vida jogou no seu caminho. Porque esse fogo não é destrutivo, é o fogo da sua cura interior, sua força interior e seu verdadeiro poder.

Cuidar de você

A autoestima é insubstituível para elevar sua vibração. Mas lembre-se de que isso requer cuidar da sua mente, do seu corpo e do seu espírito, ou, como ilustramos neste livro, dos nossos corpos. Muitos negligenciam o trabalho exigido para a mente se desenvolver. É bom reagir aos seus pensamentos negativos com outros positivos e empoderadores, transformar "eu não consigo fazer isso" em "já fiz isso antes e posso fazer outra vez", mas se você tiver um sentimento constante de tristeza, raiva ou medo, precisa reprogramar a mente.

Você deve procurar transformar suas emoções em vez de ignorá-las fantasiando com pensamentos positivos que não alimentam uma mudança no seu estado. Você já está fazendo isso descobrindo as crenças profundamente enraizadas que afetam o que você sente todos os dias ou em momentos difíceis. Você precisa tratar dessas crenças.

Você deve procurar transformar suas emoções em vez de ignorá-las fantasiando com pensamentos positivos que não alimentam uma mudança no seu estado. Você já está fazendo isso descobrindo as crenças profundamente enraizadas que afetam o que você sente todos os dias ou em momentos difíceis. Você precisa tratar dessas crenças.

E é importante incrementar isso construindo práticas e técnicas de autoestima no seu dia a dia (meu primeiro livro está repleto de ideias para cuidar de você com eficiência e carinho). As práticas de autoestima que funcionam para você podem ser aquelas que você já conhece. Ou podem ser coisas que atualmente são meio estranhas para você e que precisa experimentar para descobrir se servem.

Nós já trabalhamos com alguns caminhos para criar mudança e agora eu gostaria que você usasse um tempo para explorar alimentar todo o seu ser com tarefas diárias simples e/ou práticas, como registro diário de emoções, meditação, afirmações, Técnica de Liberdade Emocional (EFT), visualização e respiração. Não se preocupe, não precisa fazer todas essas coisas, o objetivo é descobrir o que funciona para você e então transformar numa prática diária.

Não importa o que temos diante de nós, se a lente que usamos para perceber está rachada, jamais parecerá bom como deve ser. A autoestima é uma maneira simples de preencher as rachaduras das suas lentes com ouro.

Prática #10: Crie uma rotina de autoestima

Você pode estar imaginando por que esta prática não apareceu antes no livro. Afinal, como mencionei no Capítulo 3, a autoestima é essencial para a cura. Não podemos nos curar se não estamos cuidando de nós mesmos, nos sentindo bem, centrados e nutridos.

No entanto, o motivo de eu querer que você crie sua rotina de autoestima agora, neste estágio do processo, é porque é muito mais fácil estabelecer as práticas de autoestima que realmente combinam com você se já sabe o que precisa e conhece o que está sentindo. E o trabalho que fizemos até aqui significa que agora você está preparado para ser sincero quanto ao que funciona para você.

Existem algumas práticas fundamentais capazes de ajudar qualquer um, mas os cuidados conosco não são os mesmos para todos. Uma pessoa pode se sentir mais forte e renovada com um banho e uma xícara de chá, ou uma massagem, enquanto outra talvez precise de um exercício puxado e uma ducha fria para ter a sensação de estar revigorada e pronta para o que vier.

E não é só isso. No início desse processo, a sua compreensão de cuidado podia estar limitada ao corpo físico, mas agora, com este livro, você está em contato com outros seis corpos que se entremeiam e se inter-relacionam.

Você está ligado com o seu todo e pode construir uma rotina de autoestima que aja em níveis mais profundos. No subconsciente, você pode sentir quando seus corpos sutis estão energizados e bem cuidados, e quando não estão. E você está muito mais habilitado para saber como dar o que eles precisam. Dar para *você* o que você precisa.

Autoestima importa
• • • • • • • • • • • • •

Primeiro encontre um espaço tranquilo e confortável. Concentre-se fechando os olhos e respirando de maneira profunda e restauradora três vezes para estar totalmente presente neste exercício. Agora pegue seu caderno e uma caneta — junto com uma bebida ou lanche (ou os dois), caso isso o ajude a se concentrar no momento. Então...

1. Ponha títulos em três páginas do seu caderno. A primeira é "Autoestima diária", a segunda, "Autoestima semanal", e a terceira é "Autoestima mensal".

2. Analise por alto um dia comum seu. Mesmo os mais atarefados têm pelo menos dois ou três intervalos de 10 a 30 minutos todo dia e, em geral, passamos esse tempo examinando nossos celulares distraídos, ou ficamos deitados na cama desejando que o dia não começasse, ou assistindo a filmes na Netflix que não nos fazem sentir bem. (Não tenho nada contra assistir TV para relaxar, mas procure fazer isso com moderação e por opção, não por vício.)

No topo da página "Autoestima diária", anote esses intervalos. Eles serão seus momentos de se cuidar, preenchidos por coisas boas.

3. Comece a pesquisar suas práticas de autoestima. Não me refiro a apenas ler coisas on-line — mesmo que um pouco disso possa ser útil —, quero dizer pesquisa mão na massa, experiências. Faça uma lista de práticas que quer experimentar e então experimente todas. Veja como se sente.

Resolva quanto tempo vai durar seu período de pesquisa. Recomendo uma semana, ou duas, se realmente tem pouco tempo de sobra. Mas restrinja esse período para não durar demais. Você precisa ser objetivo.

~ Não sabe o que é Técnica de Liberdade Emocional (TLE)? Procure no YouTube e use um vídeo guiado para experimentar.

~ Nunca fez uma saudação de ioga ao sol? Mais uma vez o YouTube é seu amigo. Procure "vídeo de saudação ao sol" e aprenda a sequência. Essa é uma ótima prática de autoestima para inserir na sua rotina diária porque uma saudação ao sol leva menos do que cinco minutos e alonga todos os maiores conjuntos de músculos.

~ Nunca experimentou registrar seus pensamentos e emoções? Escreva o que pensa, na ordem que os pensamentos vêm, por 10 minutos.

~ Nunca tomou banho de banheira com óleos essenciais e velas? Faça isso. (Falo sério.)

~ Não sabe o que é trabalhar a respiração? Procure no Google diferentes tipos de exercícios de respiração e experimente. Vai descobrir várias técnicas, da ioga (Pranayama) a práticas mais recentes, como o Método Wim Hof.

Experimente toda e qualquer prática de autoestima que interesse e algumas completamente novas.

Aqui estão algumas outras ideias: leia cinco páginas de um livro; escreva oito coisas pelas quais sente gratidão; levante de manhã e saia logo para dar uma volta no quarteirão; inicie seu dia com uma vitamina saudável de frutas; escreva todos os seus pensamentos até limpar sua mente; faça uma aula de bicicleta ergométrica; aprenda a levantar pesos; vá para uma floresta e caminhe entre as árvores; experimente cantarolar um mantra poderoso (de novo, YouTube); deite no chão com as pernas para cima encostadas na parede por 10 minutos; hidrate o corpo todo. Qualquer coisa, qualquer coisa, qualquer coisa. Experimente tudo. Essa é a sua pesquisa.

4. Quando experimentar uma prática e se sentir bem, mais calmo, satisfeito e centrado, escreva isso. Então volte para o seu caderno. Primeiro anote as práticas diárias com as quais vai preencher seus intervalos de autoestima. Depois, anote as práticas semanais que vão compor a estrutura positiva de cada período de sete dias. Essas serão um pouco mais longas, coisas como mais tempo de exercícios físicos, caminhada na floresta e assim por diante.

Em seguida, avalie o que gostaria de fazer uma vez por mês para estimulá-lo mais ainda. Você pode ter incluído essas coisas na sua pesquisa ou não. Que tal... arranjar tempo para estar com um bom amigo quando nenhum dos dois está indo para lugar nenhum; passar a noite em algum lugar fora da sua casa; visitar um parente que não mora perto; consultar um terapeuta; fazer uma boa sessão de massagem; meditar a manhã inteira ou tirar uma manhã só para você.

Essas são apenas ideias. Essa é a sua rotina de autoestima. Só sua. Tem de funcionar para você, e só para você.

E quando tiver organizado essa rotina, pode usá-la como uma forma de permanecer no seu trabalho de cura. Voltando sempre para você. Não precisa parecer a rotina de autoestima de alguém que você segue on-line.

E você não precisa publicar nas suas redes sociais (a não ser que queira, e tudo bem). É só sua.

• • • • • • • • •

Chegou a hora da luz

Vamos voltar um minuto para aquele fogo interior. Quando você se sentiu mais iluminado? E quando se sentiu mais sombrio? Já sentiu que o momento de mais brilho veio depois de uma escuridão profunda e impenetrável?

Havia uma mulher chamada Jeanette (troquei o nome para proteger sua identidade) que tinha uma vida boa e se mantinha com um emprego estável, sem problemas. Não era muito feliz, mas também não era triste. Estava tudo em ordem.

Até um dia em que tudo mudou. Caminhando uma noite de volta para casa ao longo do Tâmisa em Londres ela atravessava o Borough Market para chegar ao ponto de ônibus. O mercado aberto estava cheio de gente bebendo depois do expediente em mesas do lado de fora dos restaurantes nas ruas estreitas. Jeanette atravessou o mercado, seguiu por uma ruazinha e chegou à avenida principal.

De repente ela ouviu gritos. As pessoas corriam na direção dela o mais rápido que podiam, fugindo de alguma coisa. Então ela viu um homem que atacava as pessoas freneticamente com uma faca. Havia algumas pessoas deitadas no chão, aparentemente imóveis.

Jeanette ficou paralisada. Não conseguia se mexer. As pessoas gritavam para ela correr, mas todos estavam concentrados demais em sair dali e passavam por ela tentando escapar. Havia pânico no ar. Então ela viu policiais que apareceram do nada. Estavam armados e berrando. Então outros policiais correram até ela de braços abertos, empurrando as pessoas.

Jeanette correu.

Correu o mais rápido possível. Mais rápido do que tinha corrido em toda a sua vida. As pessoas se jogavam dentro de restaurantes e lojas para se proteger, mas ela não. Jeanette só corria. E continuou correndo. Ela disse que não tem certeza de quanto correu, mas, a julgar por onde estava quando parou, deve ter sido uma hora ou mais. O medo fazia com que seguisse correndo, sem sentir cansaço ou falta de ar. Na verdade, jamais registrou de fato o motivo de estar correndo. Só corria. Sua reação de fuga controlava seu corpo completamente e sua mente consciente estava em segundo plano.

Quando chegou em casa, Jeanette ligou o computador e leu a notícia. Ocorrera um ataque terrorista na London Bridge e no Borough Market. Ela se sentiu distante daquilo, como se lesse sobre um incidente em outro canto do mundo.

Mas ela esteve lá. Não estava preparada para reconhecer isso, mas tinha vivenciado tudo e correu pela própria vida.

Nas semanas seguintes, a realidade dessa experiência começou a se concretizar. O estado de choque de Jeanette a tinha protegido no momento e desligado seus mecanismos usuais de raciocínio. Aja agora, pense depois — é isso que esse tipo de medo nos diz para fazer. E precisamos disso porque pode salvar nossa vida.

Só que em certo ponto precisamos recomeçar a pensar. E quando Jeanette começou a pensar, achou quase impossível processar o que tinha acontecido. As pessoas estavam morrendo na frente dela e ela ficou lá paralisada. E depois correu. Havia homens tentando matar qualquer pessoa que alcançassem. Se tivessem chegado perto dela... se ela tivesse ficado paralisada mais alguns segundos apenas... eles poderiam tê-la matado.

Por que não tinha morrido? Por que aquelas outras pessoas morreram? Por que aqueles homens queriam matar todos lá de forma tão violenta e sem sentido? Pessoas que não conheciam, pessoas que tinham filhos, que eram inocentes e que estavam fazendo apenas o que costumavam fazer depois do trabalho.

Jeanette afundou na tristeza e seu fogo interior apagou. Ficou perdida na escuridão. Pensou repetidamente que ia morrer. Disse que não queria morrer, mas que não sabia como seguir vivendo. Nada mais fazia sentido. Só que de alguma forma ela foi em frente.

Uma das poucas coisas boas da experiência de Jeanette foi ser num lugar público e tão traumática que todos ficaram sabendo. Todos entendiam que devia ter sido péssimo para ela e todos queriam ajudar. Ela não precisou esconder seu medo, do jeito que muita gente faz quando passa por um acontecimento traumático privado. Ela podia pedir apoio e, depois de um tempo, foi o que fez. Começou a fazer terapia, conversou com amigos, pedia para as pessoas irem com ela quando saía e, dessa forma, sentia menos medo.

Seis meses depois do ataque, Jeanette voltou ao lugar onde tinha acontecido. Estava evitando, apesar de ser o caminho mais curto para ir e voltar do trabalho. Mas ela voltou e parou no lugar exato em que ficou paralisada naquele dia. Fechou os olhos e se concentrou. Deixou as lembranças voltarem, os sentimentos, o choque, a completa confusão e o medo animal, primitivo.

Ela respirou fundo. E quando abriu os olhos sentiu a luz voltar. Sua chama começou a arder novamente.

Hoje Jeanette está fazendo algo novo. Ela largou o emprego bom que tinha, pegou um empréstimo e entrou na faculdade para estudar psicologia e terapia de trauma. Ela vai ser terapeuta porque quer ajudar as pessoas a enfrentar experiências inimagináveis. Ela passou pela parte mais terrível da vida e agora, diz ela, nunca se sentiu tão iluminada e tão forte.

Tenho certeza de que você está lendo este livro porque, em certo ponto, você esteve nas trevas. Ou está agora. É hora de acender a luz. Você já passou tempo demais com medo. E o começo é seu fogo interior. Faça amizade com ele, proteja, ouça e deixe que ele queime.

Prática #11: Cuide do seu fogo olhando fixo para a chama de uma vela

Esta prática vem de uma prática antiga de meditação chamada trataka, ou "olhar fixo para a chama da vela". Faz exatamente o que diz, olhamos para a vela. Mas eu peguei os benefícios desta prática e expandi em um mais completo que envolve visualização e registro de pensamentos e emoções também.

Os benefícios de olhar para uma vela, como são descritos no livro *Sure Ways to Self-Realization*,[28] e reconhecidos em um estudo cognitivo publicado pelo *International Journal of Yoga*,[29] inclui o seguinte:

---

[28] Satyananda Saraswati, Swami (2008). *Sure Ways to Self-Realization*. Yoga Publications Trust.

[29] Talwadkar, S., et al. (2014). "Effect of Trataka on Cognitive Functions in the Elderly"; www.ijoy.org.in/text.asp?2014/7/2/96/133872 (acessado em 15 de janeiro de 2020).

Não importa o que temos diante de nós, se a lente que usamos para perceber está rachada, jamais parecerá bom como deve ser. A autoestima é uma maneira simples de preencher as rachaduras das suas lentes com ouro.

- Exercita os músculos dos olhos e aprimora o foco, não só o foco físico dos olhos como também a capacidade de concentração.

- Relaxa mente e corpo, e foi descoberto que melhora a qualidade do sono.

- Acalma o sistema nervoso e reduz a ansiedade.

- Aumenta a clareza mental e dá lugar para um sentido mais claro do eu e de propósito.

E quando combinar o olhar fixo na vela com a visualização e o registro de pensamentos e emoções como faremos aqui, você vai:

- Sentir a conexão com seu fogo interior — sua motivação, sua proteção, sua energia flamejante. Você usará essa energia para queimar o medo e a insegurança e atingir um sentido constante de quem você é e de como quer viver no mundo a partir desse momento.

- Ser capaz de reconectar com seu fogo sempre que parecer escuro ou fraco e lembrar da razão de se dedicar a esse trabalho de cura interior.

Atice o fogo

Você vai precisar de uma caneta e do seu caderno aberto em uma página em branco, de uma vela presa num castiçal (um simples serve) e fósforos ou isqueiro. E de um lugar silencioso que fique escuro. Por isso esta prática funciona melhor à noite, depois do pôr do sol, ou bem cedo de manhã, antes do sol nascer.

Quando seu fogo arde

1. Escureça o quarto. Apague as luzes e quaisquer telas iluminadas. Feche as cortinas ou a persiana e a porta.

2. Sente numa cadeira e ponha a vela na mesa à sua frente para que fique mais ou menos na altura dos olhos. Acenda a vela.

3. Pisque rapidamente alguns segundos e balance a cabeça para liberar a tensão no pescoço. Então focalize o olhar na chama da vela. Deixe tudo em volta desaparecer. Você está completamente concentrado na chama, só na chama.

Não pisque. Fique olhando para a chama o máximo de tempo que puder sem piscar. Seus olhos ficarão marejados de lágrimas. Continue concentrado na vela. Então, quando não conseguir mais manter os olhos abertos encarando a chama, feche-os.

4. Observe as cores e formas que vê por dentro da pálpebra. Impressões da chama. Formas e imagens que se modificam. Brilho contrastando com escuridão.

5. Enquanto esse brilho se move e muda, imagine que está se tornando a imagem da chama dentro de você. A sua chama. O seu fogo. Na escuridão por trás das pálpebras, você vê seu fogo ardendo — um reflexo da luz e da força dentro de você.

Fica mais forte e mais claro. Talvez a chama preencha totalmente sua visão e, em seguida, sua mente. E então seu corpo. É sensação de calor, de força e de alegria. Sensação de potencial. E enquanto queima, ela acaba com o medo. Queima as crenças limitantes que o impediam de avançar por tanto tempo. Queima tudo que impede que você seja quem você realmente é.

Você sabe que essa chama é sua. Sempre esteve aí, mesmo quando a escuridão à sua volta era tão densa que não podia ver. Ela sempre estará aí.

6. Esfregue as palmas das mãos para gerar um pouco de calor. Ponha as palmas sobre os olhos e pisque suavemente nas mãos. Deixe a luz da vela ser filtrada entre seus dedos. Então afaste as mãos do rosto, acenda a luz e sopre a vela.

7. Na página em branco do caderno, escreva os pensamentos que passem pela sua cabeça. Não importa o que sejam nem se parecem irrelevantes. Deixe que saiam. Ponha no papel. Encha uma página. Você pode escrever um texto corrido ou simplesmente anotações sobre os pensamentos.

8. Finalizando, respire fundo uma vez. Encha os pulmões de oxigênio e sopre todo o ar.

• • • • • • • • •

CAPÍTULO 8

Você está livre

Nirvana é liberdade. Não é um lugar, é um estado de ser e uma expressão de ser um todo. De cura.

Algumas coisas que a liberdade pode fazer você sentir:

- Leveza.

- Abertura — como se você estivesse encolhido e fechado, para dentro, e agora ficasse aberto, imenso e pronto para receber tudo.

- A sensação de ser completo, de ser um todo.

- Sentir a conexão com tudo em volta, como se você realmente fosse a onda que sabe que faz parte do oceano e que sempre fará.

- Ser um gato da cidade que finalmente mudou para o campo e pode passear nos prados e florestas. Você está um pouco ressabiado porque tudo é muito novo, mas nunca se sentiu tão gato.

- Passear de bicicleta numa estrada longa, sem tráfego, ladeando uma colina que não é íngreme a ponto de assustar, apenas o bastante para você descer bem rápido com o vento soprando as teias de aranha.

- Tomar uma decisão que acha certíssima.

- Ter segurança de que as coisas ruins que aconteceram no passado não podem continuar afetando você indefinidamente.

- Entusiasmo com o futuro.

- Sair sem se preocupar com a hora de voltar para casa.

- Não olhar para o relógio.

- Não se preocupar com o que as outras pessoas acham de você.

- Não esperar o pior.

- Saber que todos os tipos de coisas boas vão acontecer.

- Saber que mesmo quando tiver momentos difíceis outra vez terá tudo de que precisa para superá-los.

- Não se assustar (o tempo todo). Ainda ficará assustado algumas vezes, pode até se assustar com a liberdade de vez em quando. Tudo é bom.

- Saber que você pode ser livre em todos os momentos.

Esta é a sua cura

Você assumiu o controle da sua cura interior. Você é o seu curandeiro. Chamo de curandeiro porque você realmente é. Quero dizer, você sempre foi, mas agora sabe usar toda a sabedoria que existe dentro de você. Você está fazendo isso. O progresso que fez não tem nada a ver com um guru ou com alguma força curativa externa, você simplesmente obteve algumas ferramentas para poder se conectar com o guia dentro de você. Você iniciou uma nova conversa com você mesmo ao se conectar com sua luz interior. É nesse lugar que seu fogo interior e sua sabedoria abrem a porta para a transmutação.

E como mencionei muitas páginas atrás, assumir a responsabilidade da própria cura dessa forma é um dos atos mais poderosos de autoestima que você pode tomar. Lendo este livro e trabalhando os exercícios dele, você disse para si mesmo que merece a mudança. Enviou uma forte mensagem para o seu mundo interior, de que está pronto para aumentar sua vibração e viver mais grandiosamente. Nada mais o manterá lá embaixo.

Você está voltando ao seu equilíbrio. Talvez não sinta que já chegou lá, e isso é natural. Isso é uma jornada, afinal, e o fim não é definido. Vamos nos curar e sofrer e nos curar de novo o resto de nossas vidas.

Mas o que você está fazendo, toda vez que se concentra na sua jornada, é erguer-se a um estado de vibração mais elevado. Criando possibilidades para si mesmo e irradiando energia positiva que retornará para você. Repetindo essa mensagem de que você merece se sentir melhor, que merece mudar e que, principalmente, merece se sentir livre.

Curar não se trata apenas de curar, é toda a sua vida. Se está buscando sucesso e tem objetivos a conquistar, é vital concentrar sua energia no seu eu interior. A recuperação das suas feridas emocionais é um passo importante se você quer mudar sua vida pra valer.

Então a cura não é só para tipos espiritualizados, ou hippies, ou como queira chamá-los. Curar é necessário para qualquer pessoa que queira mudar. Eu já disse antes, não há como enganar o universo. Se você está vibrando baixo devido a sofrimento emocional, nenhuma quantidade de esforço externo será o bastante para elevar sua vibração por muito tempo. Você precisa começar dentro si e se capacitar para emitir a energia positiva que deseja receber de volta.

Prática #12: Flutue para dentro dela

Uma parte importante da experiência de liberdade é saber que você faz parte da trama do universo. Saber isso não só com o seu cérebro, mas sentir, personificar e saber com todas as suas células, toda a energia sutil, todas as partes de você. Saber que você não é a onda, que você é o oceano.

Curar não se trata apenas de curar, é toda a sua vida. Se está buscando sucesso e tem objetivos a conquistar, é vital concentrar sua energia no seu eu interior. A recuperação das suas feridas emocionais é um passo importante se você quer mudar sua vida pra valer.

Assim como acontece com todo o progresso que você fez até agora, e fará no futuro, isso não é uma coisa para ser feita uma vez só. Você não vai vivenciar esse tipo de comunhão libertadora uma vez e depois ter certeza dela pelo resto da vida. Ela vem e vai. Você é humano e a sua existência não está se movendo eternamente na mesma direção de modo claro e simples. É complexo e sua jornada tem voltas e reviravoltas. Curar é desorganizado.

A liberdade nem sempre é fácil de acessar. Mas fica mais fácil acessá-la se você praticar. Se você se engajar ativamente num processo consciente para se libertar. Este exercício é exatamente isso.

Transformação

Acalme-se. Como sempre, você deve estar em um lugar silencioso e confortável, sem perturbações. Faça os ajustes que tem de fazer com calma: fechar portas, vestir ou despir peças de roupa para garantir a temperatura mais confortável. Qualquer coisa que precise fazer.

1. Escolha uma postura sentado. Se fica mais confortável sentado sem apoio nas costas, ótimo. Se não, sente em uma cadeira que apoie sua coluna, ou sente no chão encostado na parede. O objetivo não é adotar uma postura formal de meditação, e sim sentir-se firme e confortável e capaz de se concentrar na sua prática sem se distrair com dor nas costas, nos quadris ou nos ombros.

2. Feche os olhos e respire fundo algumas vezes. Respire pelo nariz e solte o ar pela boca, suavemente ou com força e ruído, da forma mais útil para você relaxar, para estar no presente momento e para

esquecer o restante do dia até esse ponto. Então deixe a respiração voltar ao ritmo natural.

3. Observe o corpo. As partes do corpo apoiadas no chão ou na cadeira. As partes do corpo que estão mais quentes ou mais frias do que as outras.

Perceba a coluna toda, de baixo até em cima.

Perceba o peso das pálpebras.

Permita-se estar aqui e só aqui. Porque não há mais onde estar. Nada mais a fazer.

4. Agora traga a consciência para o centro do peito. Estamos notando essa área — do coração e do espaço em volta dele —, porque esta prática de liberdade não é só sobre a mente. Vamos usar a mente para fazê-la, mas funciona em todos os aspectos do seu ser. É uma prática do coração tanto quanto da mente.

Então perceba seu coração. O peito. Quando respira, deixe o peito se expandir. Os ombros abrem um pouco. O peito abre. O coração abre. O espaço que aumenta é um espaço de conexão, e você sente sua conexão constante e inabalável com um todo maior.

Diga a seguinte afirmação em voz alta ou silenciosamente: "de coração aberto estou conectado com a singularidade."

5. Mantenha essa abertura e a expansão do peito, sem forçar, enquanto começa a se visualizar numa praia.

Pode levar o tempo que quiser para se ver na praia. Note a areia ou as pedrinhas nas solas dos pés, as texturas na pele. Veja a cor do céu e do mar na sua frente. Você sente o cheiro de sal no ar. Sinta a brisa suave passando. Você pode ouvir as ondas marulhando na praia.

Você está de pé na beira do mar. Olhando para o horizonte.

6. Quando você se sentir presente nesse momento na beira do mar, ponha o dedo do pé na água. Levante a perna, sinta os músculos trabalhando, e estenda o pé para a água. Então sinta o frio quando os dedos encostam na água. E note que, assim que entra em contato com o mar, você se transforma em água. O dedo do pé vira água, ainda é você, mas é água. Você move seu pé mais para a frente no mar e, assim, ele todo é água.

7. Quando você tira o pé da água, ele está como antes. Seu pé. Pele, osso, músculo.

Curioso, você resolve ir além, porque sente o poder de ser um só com a água do mar. Você sente a força de ser não só você, mas algo maior.

8. Você entra no mar com os dois pés. Aos poucos vai avançando e cada parte do seu corpo que submerge vira água. Até você ser água, você inteiro. Você é parte desse azul imenso e a sensação é *boa*.

Você deita de costas com seu corpo de água e se sente perfeitamente apoiado e abraçado pelo mar. Você flutua de costas e olha para cima nesse estado alterado, e deixa de ser prisioneiro de dúvida, incerteza, insegurança e medo.

Você está livre

Porque você não está sozinho. Nunca. Você tem de estar aí. Você é parte disso. Sempre foi e sempre será.

9. Aproveite o tempo que quiser. Sem pressa.

Então, quando estiver preparado, volte para a praia. Pode nadar ou andar sem esforço.

Você sai da água e seu corpo retoma a forma usual.

Você respira algumas vezes e olha de novo para o mar. E um sorriso suave se abre no seu rosto porque você não está preso em nenhuma versão percebida ou prescrita de si ou de quem as pessoas acham que você deve ser.

Com esse sorriso, você diz outra vez: de coração aberto, estou conectado com a singularidade.

10. Finalizando, no seu tempo, traga sua consciência de volta para a sua respiração. Respire fundo lentamente três vezes pelo nariz e solte o ar devagar pela boca.

E quando estiver pronto, abra os olhos lentamente.

• • • • • • • • • •

Uma verdade: você não vai se sentir bem o tempo todo

A liberdade interior não é estar contente o tempo todo. Não significa que todas as vezes que sair de casa, você andará confiante com um sorriso de orelha a orelha (mas espero que faça isso com frequência).

Isso pode não parecer a maneira mais animadora de se conectar com a sua liberdade interior. Mas é uma coisa muito importante que você deve compreender, porque senão, em algum momento, você poderá pensar que está cometendo algum erro.

Esse tipo genuíno de liberdade trata de aceitação, e de uma sensação calma de saber. Você é livre porque não teme o momento quando alguma coisa difícil acontece. Você é livre porque sabe que será capaz de aceitar e de superar tudo que aparecer no seu caminho. Você é livre porque recebe de braços abertos toda a gama de emoções que fazem parte de ser um humano vivo que respira e é sensível.

E sua maior força é saber que você pode voltar ao equilíbrio, que seu eu verdadeiro está sempre lá, em paz, não importa quanto entulho e coisas de fora estão embaralhando sua forma de interpretar coisas em qualquer momento. A superfície pode ser encapelada e difícil de enfrentar, mas a água no fundo está sempre calma. Você é capaz de ver por baixo da superfície que a imobilidade está sempre lá.

Liberte-se quando se sentir preso

Você está no sétimo corpo agora. Trabalhando nele, meditando através dele com cada palavra que lê. Mas não esqueça que todos os corpos estão interligados, o tempo todo. Sempre que se sentir preso e desligado de qualquer sensação de liberdade, volte. Vá para o corpo físico e se mova. Corra feito criança, nade em um rio, pule, alongue, faça exercícios físicos, ioga. Liberdade no corpo físico é uma das formas mais rápidas de sentir a liberdade profundamente quando você se sente preso.

Tudo que fizemos nessas páginas nos leva à liberdade. Porque, no fim das contas, curar-se é isso: descartar a carga do passado, deixar para trás e se libertar. Mas de novo, essa jornada não é linear.

Você está livre

Às vezes precisamos fazer alguma coisa para lembrar como é essa sensação de liberdade alguns segundos ou minutos ou horas, para não esquecer a razão de fazermos tudo isso. Então eis aqui algumas coisas que você pode fazer quando se sentir preso e ter rapidamente a sensação de liberdade:

- Tire a roupa. Sei que não é apropriado em qualquer situação... mas funciona. Melhor ainda se puder fazer isso ao ar livre. Você pode até tirar toda a roupa e pular em um rio gelado ou no mar (desde que saiba nadar).

Sempre que se sentir preso e desligado de qualquer sensação de liberdade, volte. Vá para o corpo físico e se mova. Corra feito criança, nade em um rio, pule, alongue, faça exercícios físicos, ioga. Liberdade no corpo físico é uma das formas mais rápidas de sentir a liberdade profundamente quando você se sente preso.

- Dê risada. De preferência com alguém, mas você pode rir sozinho também. Sempre ajuda se tiver algo engraçado acontecendo, mas você já experimentou rir... à toa? Você pode. O ridículo da situação nos faz rir mais ainda. Ou você pode experimentar "ioga do riso".[30]

- Diga uma coisa realmente sincera para alguém — seja verdadeiro, mas não grosseiro.

- Tire um dia de folga no meio da semana e passe cada minuto ao ar livre. Do nascer ao pôr do sol.

- Medite.

- Mude sua programação. Deixe de lado a coisa estressante que você está procrastinando e faça outra.

- Diga para alguém que está achando uma coisa difícil de fazer e peça ajuda.

- Dance. Mas dance de verdade. Esqueça a autocrítica, ponha uma música para tocar e se movimente como quiser, mesmo se for de um jeito esquisito.

- Vá para algum lugar e faça uma atividade completamente sozinho.

- Desça a escada de costas (tomando cuidado, é claro).

- Levante cedo da cama e vá caminhar enquanto todos na sua casa/cidade ainda estão dormindo.

- Comece a aprender alguma coisa que sempre quis aprender.

---

[30] Laughter Yoga University, "What is Laughter Yoga & How Can It Help You?"; https://laughteryoga.org/laughter-yoga/about-laughter-yoga (acessado em 8 de janeiro de 2021).

Prática #13: Caminhe em liberdade

Parece um pouco estranho escrever esta prática — é a última e significa que este processo em que estivemos aqui juntos está chegando ao fim. Mas não exatamente...

Apesar de você estar chegando ao fim do livro, sua jornada está apenas começando. Você está em um lugar muito animador, pronto para seguir e levar tudo que aprendeu para a sua vida. Algumas práticas que fizemos podem ficar com você à medida que sua jornada vem e vai. Use-as sempre que precisar. Apesar de nos referirmos ao processo como uma jornada, ele não é linear. Não é uma questão de chegar de A a B e então acabou. É um processo de aprendizado para toda vida, para crescer, mudar e reaprender.

E haverá contratempos. Todos temos contratempos. Todos têm dias em que sentem que perderam completamente a noção de onde deviam estar e que voltaram para hábitos e padrões antigos e precisam começar outra vez a partir do zero.

Tudo bem com os dias ruins. Até semanas, meses ou anos ruins. O importante é que você volte a se conectar com a sua capacidade de se curar. Lembre que você é seu curandeiro e que tem todas as ferramentas das quais precisa. Então use-as.

Eu tenho dias ruins. Às vezes fico preso e tenho a sensação de que todo o trabalho que fiz e todos os passos que dei foram para o espaço. Alguma coisa me provoca muito e eu caio de volta num estado de medo. Mas então lembro que tenho as ferramentas. Todas as práticas que compartilhei com você neste livro são úteis para mim também.

Por isso, mesmo chegando à nossa última prática agora, continuamos nessa jornada juntos. E olhe, estou no Instagram, caso não saiba...

É hora de sair por aí

Este exercício é uma caminhada. Mas não é uma caminhada qualquer, é uma caminhada pela sua nova sensação de liberdade.

1. Saia de casa. Se possível, para a natureza, uma floresta, um campo, perto de um rio, do mar. Mas se não puder, caminhar pela cidade também oferece muitas oportunidades de curtir sua liberdade.

2. Caminhe. Solte o corpo. Levante a cabeça. Sorria se quiser. Dê passos grandes, relaxados e seguros. Sem pressa, mas não muito devagar. Sinta a liberdade em cada passo.

3. Enquanto anda, observe o que há em volta. Absorva tudo. Plantas, árvores, prédios, pessoas, animais, veículos, o tempo, o céu, as nuvens, o sol, tudo.

4. E observe o que há dentro de você. Durante todo o tempo deste exercício, saiba que você está livre. Nada que o magoou no passado está aqui, puxando você para trás. Você caminha em paz e feliz, sem nenhuma preocupação ou medo.

Você está praticando a arte subversiva da caminhada no mundo com uma profunda sensação de liberdade. Você sabe que está livre. (Não se preocupe caso, de modo geral, você ainda não estiver lá. Não precisa se sentir "curado". Apenas deixe-se sentir livre enquanto faz essa caminhada.)

5. Continue. Aproveite. Deixe que seja uma das melhores experiências da sua vida até agora, essa caminhada simples e despretensiosa.

6. Caminhe até querer parar. E quando parar e for para casa, ou para o trabalho, ou para onde quer que vá, espere alguns minutos para se ajustar. Em vez de mergulhar logo no que vai fazer depois, fique parado, de pé ou sentado. Respire profundamente. E sorria.

●●●●●●●●●●

Por que essa é a última prática do livro? Porque é hora de aparecer para o mundo como você é. Chega de se esconder. Não existe ninguém igual a você e a sua individualidade é necessária. Sinceramente, ela é.

Como saber se seus esforços estão funcionando?

Não existe uma resposta única para essa pergunta, porque é pessoal, e os sinais de cura de um indivíduo podem mudar com o tempo também. Mas, em geral, a lista abaixo tem fortes indicadores de que o trabalho que você está fazendo causa impacto importante:

- Mesmo quando você se sentir atingido por um gatilho (e isso vai acontecer), poderá retornar a um estado de calma e firmeza mais rápido do que antes, e é menos provável que esse estado se estenda por dias, semanas ou meses.

*Tudo bem com os dias ruins.
Até semanas, meses ou anos ruins.
O importante é que você volte
a se conectar com a sua capacidade
de se curar. Lembre que você é
seu curandeiro e que tem todas as
ferramentas das quais precisa.
Então use-as.*

- Você se sente mais forte e mais confiante em geral, e observa que sua insegurança diminuiu, reconhece o próprio poder para mudar sua situação.

- Você consegue prever com mais facilidade quando vai beirar o descontrole em uma situação ou interação e pode se preparar para isso.

- Você sente menos vergonha do seu sofrimento e fica mais à vontade para se expressar, confia mais que as pessoas vão ouvi-lo e respeitá-lo.

- Aquela sensação de estar preso em algum lugar, sem esperança de seguir em frente, diminui. Você sente mais que pode seguir e construir uma vida mais feliz e gratificante.

- Suas visualizações ou fantasias sobre o futuro estão cheias de esperança em vez de desgraças.

Liberdade para mim...

A liberdade é diferente para cada pessoa. Para mim, a experiência mais reveladora de me sentir completamente liberado na jornada de autocura aconteceu quando entendi que ninguém mais ia mostrar ou dizer como a minha vida devia ser.

Comparação e julgamento foram muito comuns na minha infância e os fracassos pareciam ter mais peso do que os sucessos. Com isso, eu sentia que não era suficientemente bom. Agora, apesar de aceitar que posso ser melhor e fazer melhor (já que o crescimento é constante e essencial), eu também equilibro isso com a aceitação de quem eu sou (amor-próprio).

Você está livre

O medo de ser julgado é real. Mesmo quando eu aceitei minha vocação de ajudar os outros, precisei enfrentar o constrangimento social de ser julgado pelos colegas por ter largado um emprego respeitável e seguro numa empresa próspera e um estilo de vida luxuoso para seguir um objetivo maior. Na verdade, quando eu disse para o gerente do meu último emprego em uma empresa que estava pedindo demissão para fazer algo maior, ele disse que eu ia desistir de um ótimo salário para ganhar nada. Ele se recusou a crer que eu acreditava nos meus sonhos, e disse que não se surpreenderia se, depois de largar aquele emprego, eu caísse em depressão e me matasse.

Mas não foram as palavras dele que mais me marcaram. Foram as dos meus amigos mais próximos e integrantes da família que disseram para meus outros entes queridos que eu ia virar um vagabundo. Um inútil sem dinheiro, sem status ou estabilidade que perseguia sonhos irreais.

Depois do lançamento e do alcance do meu primeiro livro — sou imensamente grato por isso —, eu podia ter reconstruído minha identidade e esfregado na cara deles. Mas não senti animosidade nenhuma, aliás eu comemorei com alguns deles. Se tivesse sido hostil com eles, isso ia significar que ainda exerciam controle sobre mim — e que o meu valor pessoal ainda dependia da opinião que eles tinham de mim. Mas felizmente eu fiz esse trabalho e vivo por minha conta, mesmo que isso signifique ajudar os outros sem esperar receber qualquer coisa em troca.

Hoje quando perguntam o que eu faço, fico à vontade para dizer que eu só tento ajudar as pessoas, e lembro que não sou definido por títulos ou rótulos. Não tenho nada a provar, por isso não procuro me vender para os outros.

Eu sei que as pessoas que perguntam isso às vezes têm preconceito e eu jamais poderei impedi-las de me julgar. Mas minha reação interior é "que importância tem isso?". Não como uma forma de apatia, e sim de aceitação, e uma lembrança de que não importa para mim o que os outros pensam. Escolhi uma coisa significativa e, afinal, a percepção que têm de mim é o reflexo do que essas pessoas são. Elas me veem através do seu condicionamento e trauma do passado. De qualquer modo, eu escolhi viver como meu verdadeiro eu e não poderia me sentir mais livre.

Estou vivendo minha vida nos meus termos. Não sou mais vítima de opiniões e julgamentos. Raramente essas pessoas ocupam minha mente de graça. Quando conheço alguém, não estou preocupado com o que vai pensar de mim porque sei o que penso de mim mesmo e sei que o julgamento das outras pessoas não modifica quem eu sou. Paz de espírito é o verdadeiro luxo, e a verdadeira liberdade eu tenho em abundância.

E a liberdade para você?
Tudo está para vir. A vida está aberta.

Se tem mais uma coisa que quero pedir para você é que confie. Confie que pode se sentir livre. Que você será. E quando acontecer e você estiver naquele momento sentindo a leveza e a abertura e a paz, confie que isso é real e que você merece.

Sua dor não está falando. O medo não está liderando. Você é que está.

Considerações finais

Enquanto escrevo este livro, todos nós estamos passando por alguma coisa que nunca imaginamos antes. A pandemia do coronavírus mudou o planeta inteiro e nossas vidas em poucos meses. É inevitável ficar imaginando o impacto desse tempo no futuro. Isso vai acrescentar novas camadas de trauma à vida de muitos? De que maneira a incerteza e a onda de instabilidade que permeiam todas as nossas escolhas e todos os nossos atos vão afetar nossa visão de mundo?

Não tenho dúvida de que vivenciar esse tempo tão desafiador reacendeu as memórias de traumas passados para alguns. Até aqueles que tiveram muita sorte e que não estavam na linha de frente oferecendo cuidados médicos ou testemunhando tragédias todos os dias, que ficaram de quarentena em lares que não eram minúsculos com pessoas queridas... é muito provável que também tenhamos novos traumas na bagagem por isso.

Agora mesmo, enquanto escrevo, estamos em crise. Temos de lidar com isso. Passamos os dias fazendo o que temos de fazer para nos adaptar e conseguir que nossas vidas funcionem nesse mundo reduzido. Estamos nos acostumando a ficar atrás das linhas no piso das lojas e atravessando a rua para evitar a proximidade de outras pessoas.

Estamos nos acostumando à realidade de não poder sair e simplesmente visitar nossos pais, irmãos ou amigos — e que estar com as pessoas agora é só no Zoom. Em algumas partes do mundo, as pessoas estão se ajustando a terem de preencher um formulário toda vez que querem sair de casa. E muitos de nós estão batalhando para administrar a vida com a perda do emprego.

Estamos enfrentando isso. E mais tarde chegaremos a um ponto em que teremos de lidar com isso de um modo diferente, processando o medo que essa experiência trouxe.

Meu coração está com você, onde quer que esteja. Espero que você e seus amados estejam bem, dentro do possível.

Mas existe também uma parte de mim que já vê a luz que virá disso tudo. Nossa sociedade está sendo forçada a mudar e nós estamos sendo forçados a refletir, e o que quer que aconteça, o impacto disso será duradouro. Não vamos voltar a como era antes, pelo menos não exatamente como era.

E é interessante estar em isolamento nessa situação sem precedentes e escrevendo sobre traumas. Conversando com amigos e ouvindo sua angústia e medo, vendo suas lágrimas no vídeo... e depois desligar e escrever sobre práticas de cura, sobre a reconexão com nós mesmos depois do trauma e sobre liberdade.

Estar em isolamento e escrever sobre liberdade — há alguma ironia nisso? Ou é algum tipo de objetividade do destino? A sensação é de que este livro tinha de ser escrito num tempo estranho e incerto. Ele me faz reconectar com alguns dos sentimentos complicados que tinha

Considerações finais

deixado para trás, e espero que isso seja passado na forma de empatia e compreensão nessas páginas.

Espero que este livro possa ajudá-lo a seguir com a vida. Escrevê-lo definitivamente me ajudou a aceitar onde estou agora e a dar valor às pessoas que estão aqui comigo.

Espero que você tire força e positividade dessas páginas. E segurança. Espero que se sinta mais confiante de que pode, e vai, se recuperar. Curar. Sentir o próprio poder. Eu acredito totalmente que você pode e está se curando.

Nem dá para contar o número de vezes que eu disse que esta jornada é *sua* e este trabalho de cura é *seu*. Não é para seguir os horários de mais ninguém. Mas o que eu não disse, e é algo que eu também sei que é verdade, é que, apesar desta jornada ser profundamente pessoal, ela também beneficia a todos. Quanto mais pessoas se aceitarem e souberem se cuidar, se curar de desafios e traumas, melhor. Porque cada uma dessas pessoas, inclusive você, sairá para o mundo e espalhará mais amor, bondade, esperança e inovações positivas.

Pessoas que se aceitam podem aceitar as outras. E isso pode mudar o mundo.

Obrigado por estar aqui. Agradeço verdadeiramente seu comprometimento com estas páginas.

Desejo só o melhor,

Vex King

POSFÁCIO

Uma dedicatória

Há apenas uma pessoa para quem posso dedicar este livro: meu coração, minha rainha, meu amor, minha mulher, Kaushal.

Sua jornada tem sido tremenda. Quero dizer, uau! Ver você crescer e tudo o que conquistou desde que a conheci é um dos pontos altos da minha vida. Não podia estar mais orgulhoso, não só como marido, mas também como alguém que adora ver gente fazer o impensável; e quando são pessoas que amamos muito, significa muito mais. Você tem sido uma inspiração.

Com tudo que conquistou na sua carreira e com a vasta plataforma que construiu, você teve sua parcela de batalhas. Sei que, como todos os seres humanos, você comete erros, mas, desde o dia em que a conheci, posso dizer que você tem sido uma das almas mais sinceras e bondosas que eu conheço.

Seu objetivo não era ser rica e famosa. Você não fazia questão de ser adorada por muitos, queria simplesmente compartilhar o que ama. E, com essa atitude, conseguiu se conectar com os corações de milhões, mudando sua vida para sempre. Você conseguiu retratar uma vida cheia de bênçãos e oportunidades que só existia em sonhos, e eu sei que é muito grata por isso.

Mesmo assim, junto com a revelação veio também a tristeza. Ver você ser maltratada e magoada não foi fácil para mim. Principalmente porque conheço a capacidade do seu coração e a inocência que reverbera de você. Tem sido doloroso ver sua jornada de saúde mental. Admito que às vezes me senti desesperançado e impotente, especialmente quando você se recusava a conversar comigo a respeito disso. Nesses momentos, minha autoimagem se despedaçava e eu achava que minha ajuda não servia para você e que talvez fosse culpa minha você não confiar em mim.

Admito que cheguei a pensar na possibilidade do nosso amor não ser tão forte quanto eu imaginava, já que você não conseguia abrir seu coração para mim. É isso que o ego faz, deturpa nossa percepção, nos transforma em vítimas e distorce a verdade.

Eu sei que o mundo muitas vezes me vê como um cara com respostas, um coach, um guia, ou um operador de mudanças, mas, para você, eu sou um marido... e era nisso que eu pensava e me apresentava assim. Enquanto você se esforçava, procurei manter aquele limite e ficar ao seu lado, mas lá no fundo eu queria ajudá-la na sua jornada interior para você poder ser quem é no seu âmago, a mulher alegre e sem limites para o amor.

Como todos os casais, temos desavenças, e naquele período tivemos provavelmente mais do que a nossa média. Na sua jornada, nossas feridas levaram a melhor e muitas vezes permitimos que as ondas dos nossos traumas afogassem um ao outro. Mas nunca desistimos de nós. Continuamos presentes, prontos para resolver e evoluir. Por isso nossa jornada é tão especial.

Uma dedicatória

Eu queria ajudá-la pessoalmente, mas quando recomendei que fizesse terapia, sabia que era o certo. Também sei que a ideia foi assustadora para você. Você tinha medo de confrontar coisas que ocultara durante muito tempo, não estava preparada para as revelações que iam surgir. Eu entendo que deve ter sido muito constrangedor, porque minha própria jornada também causa bastante desconforto. Por isso sinto tanto orgulho de você, por ter dado esse passo tão corajoso.

Naquela época, compartilhar comigo o que sentia de verdade e os motivos por trás desses sentimentos não era uma opção para você. Você tinha vergonha de admitir o que era um desafio diário e não queria passar para mim a carga dos seus problemas. Você sabia que se admitisse tudo que sentia, eu naturalmente ficaria preocupado com o seu bem-estar. Mesmo na sua dor, você cuidava de mim. Obrigado por me amar com todo o seu ser.

O que você não sabe é que toda aquela experiência inspirou este trabalho. Ela me orientou a ir mais fundo, não só dentro de mim, mas também com tudo que pensava que sabia sobre cura interior. Eu queria encontrar uma solução, uma forma simples de abordar o processo que faria com que todos nós pudéssemos ser nossos próprios curandeiros. Particularmente quando terapia não é uma opção ou conversar com alguém não é a coisa mais fácil de fazer. Precisei rever, aperfeiçoar e restabelecer meus métodos e raciocínio para desenvolver este texto.

É graças à sua jornada que este livro existe. Depois de dedicar horas infinitas a esse projeto, posso dizer com segurança que juntos nós descobrimos algo realmente especial. Ouso dizer, absolutamente transformacional.

Caro leitor,

O sofrimento, a tristeza e o inferno pelo qual você tem passado... não duram para sempre. Você vai se curar. Vai vivenciar novos bons momentos. Sua vida vai parecer um paraíso. Existe um plano maior para você.

Agradecimentos

Eu poderia citar os nomes de muita gente que fez a diferença na minha vida e na preparação deste livro. Sem Jane, minha agente na Graham Maw Christie, ou minha família e amigos, nada disso seria possível. Agradeço a todos do fundo do meu coração. Não só pelo apoio, mas também por estarem lá por mim e comigo, seja para conversar sobre assuntos do dia a dia, compartilhar um sorriso ou risada, comemorar nossas vitórias ou discutir nossa visão de futuro. Às vezes isso basta para acender nossa criatividade e estimular nossa produtividade, alguma forma de inspiração e de alegria através das pessoas de quem nos cercamos.

É importante agradecer à HayHouse, não só por ajudar e me acolher nesses últimos anos, mas também por me receber nessa família. Não posso citar o nome de todos individualmente, mas gostaria de agradecer a algumas pessoas em particular. Amy, apesar de não estar mais na HayHouse, foi você quem me deu a oportunidade inicial de me tornar um escritor publicado. Jo, Julies e Leanne, seu trabalho duro por todos os escritores da HayHouse UK nunca passa despercebido.

Sian, que não está mais na HayHouse, e Hannah, vocês duas demonstraram muita disposição para encontrar oportunidades para mim em fóruns públicos de modo que o meu recado avançasse e atingisse novas plateias. Diane, mesmo às onze da noite você lia, respondia e cuidava de todos os meus e-mails com todo o carinho, você demonstrou grande comprometimento com o seu papel e isso é admirável. Sou tremendamente grato à minha editora, Debra, e ao seu empenho no processo de refinar este livro. Reid, além de cuidar de nós todos, escritores, você também nos encoraja a viver nosso maior potencial.

E finalizando, Michelle, obrigado por acreditar e confiar em mim. Você entende minha visão de continuar a enviar meu recado com autenticidade espalhando bondade e dando poder aos outros. No seu discurso na Summer Soirée da HayHouse em 2018, você mencionou que, apesar de ser importante para os negócios ter lucro, precisamos lembrar por que estamos aqui: para ajudar as pessoas a se curar e para fazer a diferença. Quando você disse isso, eu soube que estava em casa, que podia viver com um objetivo.

Desde o início da minha jornada como escritor, você sempre esteve acessível quando precisei de apoio ou conselho. Você lutou por mim e generosamente me deu essa oportunidade de lançar mais um livro, sem a pressão de terminá-lo dentro de um prazo impossível. Você simplesmente disse para eu confiar na minha intuição e, por isso, sinto imensa gratidão. Você permitiu que eu fosse eu mesmo.

Gostaria de fazer uma menção especial à minha amiga e talentosa professora de ioga, Isla, que me ajudou a encontrar o propósito deste livro e que sempre esteve lá como fonte de inspiração e informação em toda a jornada da escrita. E ao Dr. Bobby Sura da Solihull Well Being Clinic, por sua valiosa experiência, orientação e retorno quando eu terminava o livro.